项目管理实操

从新手到高手

周 贤◎著

中国铁道出版社有限公司
CHINA RAILWAY PUBLISHING HOUSE CO., LTD.

图书在版编目（CIP）数据

项目管理实操从新手到高手 / 周贤著. — 北京：中国
铁道出版社有限公司，2023.5
ISBN 978-7-113-29918-7

Ⅰ.①项… Ⅱ.①周… Ⅲ.①项目管理 Ⅳ.①F27

中国国家版本馆CIP数据核字（2023）第020720号

书　　名：**项目管理实操从新手到高手**
　　　　　XIANGMU GUANLI SHICAO CONG XINSHOU DAO GAOSHOU

作　　者：周　贤

责任编辑：吕　芰　**编辑部电话**：（010）51873035　**电子邮箱**：181729035@qq.com
封面设计：宿　萌
责任校对：安海燕
责任印制：赵星辰

出版发行：中国铁道出版社有限公司（100054，北京市西城区右安门西街8号）
网　　址：http://www.tdpress.com
印　　刷：三河市国英印务有限公司
版　　次：2023 年 5 月第 1 版　2023 年 5 月第 1 次印刷
开　　本：710 mm×1 000 mm　1/16　**印张**：15.75　**字数**：224千
书　　号：ISBN 978-7-113-29918-7
定　　价：69.00元

前言

我从事制造业这行任中、高层管理者约 12 年，管理咨询和管理培训约 13 年，共长达 25 年的时间，有个很深的感触，那就是：80% 的民营制造企业普遍存在管理基础很差、执行力很差的情况。比如，基本的 5S 管理、ISO9001—2015 质量管理体系等、QC 手法、IE 手法、QCC 等都不重视，也做不好，更不要说制造企业可以做好绩效考核、MRP、MRPII、ERP、SAP、APS、精益生产、丰田生产方式、阿米巴经营、股权激励、工业 4.0、电商 3.0、互联网 3.0、IT（信息技术）、DT（数据技术）、AI（人工智能）和虚拟现实 VR 技术等。

这些年，我致力于为制造企业打基础、抓执行。打基础、抓执行的工作，本质上来讲，就是精细化管理（业界习惯叫"管理变革"，或称管理升级、规范化的基础管理）。因此，本书主要围绕制造企业精细化项目管理的视野来阐述项目管理如何做。

本书所写的项目管理，不涉及"美国项目管理协会（PMI）""《项目管理知识体系指南》（简称《PMBOK 指南》）"及"项目管理专业人士（PMP）"资格认证等概念，也不叙述项目管理的五大课程组，即启动过程组、规划过程组、执行过程组、监控过程组和收尾过程组（五大课程组的理论基础是戴明循环），更不阐述十大知识领域等，而是关于制造企业的项目管理实战的论述。

数据表明，中国的民营制造企业很多，占比中国制造业的 92%，占比全国制造业就业人口的 91.8%，所以，很有必要主要以制造企业的项目管理实践规范化而加以阐述。

由于在中国民营制造企业中做兼职项目管理很容易失败，所以，本书所阐述的项目管理，是从专职人员主导项目管理的角度来阐述的。

本书将从实践中总结出的"项目管理的基本认知、项目管理的规范化运作和项目管理实际怎么做"三个方面实操内容分享给读者朋友。

上篇，项目管理的基本认知，主要包括项目管理的概念、为什么要做项目管理、怎样解决项目管理的难点、成功的项目管理有什么特点，以及项目管理的原则。项目管理的基本认知，是做好项目管理的前提。做项目管理前，一定要学习加以了解。

中篇，制造业项目管理的规范化运作，旨在要求制造业要把项目管理做得更专业和系统。本篇主要包括项目实施的顺序"项目实施前、项目实施中、项目实施后"三个维度，目的是让读者有一个清晰的、规范的项目思维，便于读者日后把项目做规范。

因为中国的制造业，特别是民营制造业，大多数制造企业的内部不会自己启动项目管理，即便去做，也很容易失败。为什么呢？原因主要有以下三个。

第一，做项目管理，一定要求项目经理和项目专员具备专业性、系统性的认知和做法。但是很多制造业，特别是民营制造业，管理基础和执行力都很差，如 5S 管理和 ISO9000 都不会做，也做不好，还谈什么管理的专业性？系统思维和系统性就更重要了。一般制造企业的岗位，很多都没有经过系统的学习，很少有人能做好自己的岗位，要说让他做项目经理，那要求就更高了，很难做到位。有不少制造企业，顾问进去都很难推动，不要说制造企业内部岗位去做项目管理。

第二，项目管理人员大多数是兼职，缺乏自律性和公正性，很少有人服从你、配合你做好项目管理。

第三，即便设了专门的部门，如项目管理部，你去专职做项目管理，担任项目经理，又如何？毕竟你只是老板的下属，很难让老板按照你的方案或想法去改变。总之，民营制造企业老板的自觉和自律，对精细化管理或管理变革的成功至关重要！

下篇，项目管理实际怎么做，主要以制造企业请的外部顾问给制造企业做辅导的一些项目实际案例来阐述加以指导。希望中小民营制造企业重视项目管理，适当授权和信任专业的项目管理人员去帮助做好项目管理，对制造企业的管理效益提升会大有益处！

项目管理实际怎么做，主要包括"接到项目后的思考、项目实施前工作、项目实施阶段、项目实施后工作、经验总结与问题反思"等一系列项目的实际操作流程。

华为，作为中国民营制造业的自豪和标杆，总裁任正非认为："项目管理是公司管理进步的基础。项目管理是个细胞，懂了项目管理，你其实当'军长'都够用的。所以，项目管理是基本细胞，要管，要进步。项目管理做不好的管理人员，去管理代表处和地区部就是'昏君'。公司的运作正在从以功能部门为主的运作方式，逐步向项目为中心的运作方式转变，客户、研发、服务和变革项目将成为未来业务运作的主要形态。公司要实现项目为中心的转移，才能避免大公司的功能组织的毛病；去掉冗余，才能提高竞争力，才能快速地使管理人员成长。"

因此，我希望一般的民营制造企业尽快缩短与华为的差距，尽快提升项目管理的水平，为制造业的良性生存和发展增砖添瓦。

　　本书附录部分，是实际做项目过程中经常会使用到的表单工具，一并列举出来，以飨读者，欢迎借鉴或参考。

　　由于经历有限，书中难免夹杂一些片面的观点，欢迎各界朋友雅正。书中所述观点，仅供参考。有错就改，不懂就学，是我的座右铭。我会虚心接受大家宝贵的意见和建议！

周　贤

目录

中　篇　制造业项目管理的规范化运作

请扫二维码下载

附赠文件：制造企业项目管理常用表单

下载网址：http://upload.m.crphdm.com/2023/0322/1675737000002.docx

上 篇
项目管理的基本认知

第 1 章　什么是项目管理

要想做好项目管理，首先要了解项目管理的基本知识。

1.1　项目管理有关概念

本书主要围绕制造业的精细化项目管理来描述项目管理的有关概念。

1.1.1　什么是项目管理

什么是项目管理？简单地说，就是一定的项目人员在一定的时间内完成事先约定好的目标的过程。简而言之，完成项目目标的过程，就是项目管理。

项目管理，和其他管理一样，也遵循 PDCA 循环管理程序。

没有目标，就谈不上管理。要做好项目管理，首先要确定好项目管理目标。项目的目标管理，其实就是项目的结果管理。要想有好的结果，必须要有好的过程。没有好的过程，就没有好的结果。如果没有好的过程，即便有好的结果，也不能持久。过程管理，检查很重要。检查，可以知道有没有做，做得如何。检查后，对做得好与坏、快与慢、多与少，要按照事前约定的激励措施给予相应合理的激励。管理，永远离不开激励。但激励学问很大，如果用错了，适得其反，还不如不激励。只有激励，是不行的，同时，还需要改进和预防。对管理来讲，改进和预防是很重要的一项内容，管理重在预防。

很多的制造企业不重视事前预防，总是事后检讨，甚至连事后检讨都不做，实在是没有尽到责任。

1.1.2　项目管理部门的设置

制造企业要有专职的项目管理部，不要设置兼职的项目管理部。因为兼职的项目管理人员很难公正地处理问题，加上自己部门的事务，很难做好项目管理的主导工作。

项目管理部人员的构成，一般是由项目经理、项目专员组成。建议项目管理部的人员，以三名为原则。原因有具体有以下三个：

第一，因为做项目管理，有很多事情要做，配置适当的项目管理人员，可以减轻项目经理和项目专员的负担；

第二，项目组碰到困难时，有时多一个人，会多一个思路，会给项目管理的工作加以促进；

第三，一般的项目组人员搭配是：人力资源和企业文化职能模块（包括人事行政、后勤、稽核和制造业文化等），由一个项目人员负责；生产系统职能模块（包括业务、PMC、采购、仓库、生产等部门），由一个项目负责人负责；品质技术职能模块（包括品质、研发、工程或工艺、模具、设备等），由一个懂这方面的项目人员负责。项目经理，就从三个项目人员中选一个出来兼职做项目经理。他是另外两个项目人员（也就是项目专员）的领导。

项目经理的职责主要有以下三个：

一是自身职能模块的项目工作，要去辅导、跟进和管控好；

二是领导、指挥、监控和协调好另外两名项目专员的工作。

三是将项目的进度和成效向老板汇报，对项目的结果负责。

项目专员自身职能模块的工作，像项目经理一样，也要去主导、跟进和管控好。自己工作的进度和成效，向项目经理汇报，必须对项目经理负责。

项目专员模块的工作比较专业，由项目专员做主。但有问题解决不了时，必须向项目经理汇报，以免出现没有向项目经理及时汇报给项目造成的困扰或麻烦的情况，应事前同公司签下《项目责任状》，明确违约责任。项目经理也要事前同公司签下《项目责任状》，明确违约责任。

项目经理和项目专员，最好是从外部招聘懂项目管理的人入职主导项目管理，或者由制造企业内部的一些德高望重的人士来担任。注意，一定要选德才兼备、能令大家信服的人来担任。

1.1.3 一般项目管理的必要阶段

项目管理，从广义角度来说，一般有以下几个阶段：先是要了解客户的诉求，然后由专家顾问去客户处看现场，并结合制造企业老板的基本诉求，经过大致调研后，给出专业的意见到制造企业。制造企业认同后，与咨询公司签订合作协议。咨询公司配置相应的顾问到制造企业做咨询。咨询项目组首先给制造业做调研，然后根据调研的方案以驻厂教练的方式、保姆的心态去实施管理全面升级（全员交期再造、全员品质再造、全员成本再造、全员士气再造等），取得阶段性的成果。项目做完后，一定要做项目总结和定期的跟进、回访，保证项目后续质量。

项目管理的流程图如图 1-1 所示。

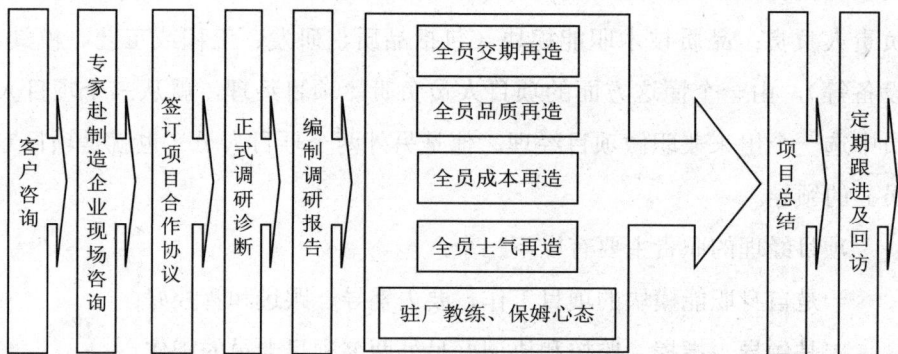

图 1-1　项目管理流程

1.2　为什么要做项目管理

项目管理对制造企业、管理人员和员工都有一定的好处，才有必要做项目管理。

1.2.1 对制造企业的好处

做项目管理有以下三个好处。

第一，在制造企业里，平级领导的职权一样大，谁也不能领导谁。就算是上级，有的问题也有解决不了的时候，光靠上级或单一部门，是不可行的。当流程管理和直线管理都没有用时，可以利用项目管理去解决。首先要立项，要提议做某个项目的管理，然后去实施项目管理，最终达到问题的解决。它可以解决平时很多解决不了的问题，如安全问题、品质问题、效率问题和交期问题等。因此，凡是通过直线管理和流程管理（包含制度等）解决不了的问题，可以考虑用项目管理去解决。

第二，通过项目管理，可以挖掘出制造企业的人才。项目管理像一场运动，在这个运动的过程中，你才能发现谁是真正跑得快的人。平时没有举办运动会或马拉松，不知道谁跑得快。一旦制造企业实施项目管理，就可以发现平时被制造业忽视的人才。

第三，合理的项目目标和激励措施，可以促使管理人员和员工完成制造业或部门的阶段性目标。在项目管理过程中，设置一些激励措施，管理人员和员工才有动力或干劲、才会想去做好。动力问题一定要解决。没有动力，就没有业绩。有了动力，哪怕他不懂，他都会愿意向人请教怎么做，从而完成部门的阶段性目标或企业的阶段性目标。

1.2.2　对管理者的好处

做项目管理，对管理者有以下三个好处。

首先，有了专职的项目管理部去负责专门的项目，对于企业中其他的领导和管理人员来讲，肯定会减轻一些负担。

其次，项目管理人员可以从项目管理的过程中学到一些东西，使自己获得成长。

最后，做项目管理会给企业的管理人员采取一些激励措施，管理人员有动力，就能同心协力一起为企业创造出好的业绩，这样对企业、对个人都是好事。企业效益好了，个人的收入可能会增加。

1.2.3　对员工的好处

实施项目管理，对员工也有以下三个好处。

首先，向领导和管理人员反映后没有得到解决的问题，员工可以直接向项目管理部反馈。项目管理部可以设置专门的信箱来搜集问题。

其次，员工可以利用项目管理的机会获得成长，有可能会获得升职的机会。

最后，经过项目管理，企业业绩提高了，企业自然不会亏待员工。项目管理对企业自身好处多多，还有可能会增加员工收入。

第2章　成功的项目管理必不可少的三个原则

无论做什么事情，都要有原则，做没有原则的事情，后果是非常可怕的。项目管理也不例外。

2.1　缺一不可的项目管理的四个前提条件

做好项目管理，有以下四个基本条件。

合理的项目目标管理，对于项目的顺利完成至关重要。制定项目目标，一般有以下几个原则。

2.1.1　明确性（Specific）

目标要清晰、明确，让考核者与被考核者能够准确理解目标，即"具体性"。"应有状态"不等于目标。比如，"让 A 款商品成为行业第一"，这是制造业的一种应有状态。有效的目标应该是："提高 A 款产品的销量""提高 A 产品的盈利率"，这样的目标才符合"具体"的原则。

2.1.2　可测量（Measurable）

目标要量化，考核时可以采用相同的标准准确衡量。"让 A 款产品的销量比上一年增加 30%""让 A 产品的盈利率比上一年提高 10%"，这样就符合目标的"可量化"原则。而类似"提高产品知名度""提高客户满意度"这样的目标，就没法量化。目标可量化，一定要让目标数据化，即指标化。

2.1.3　可实现（Achievable）

目标可通过努力来实现。目标既不能过低又不能偏高，偏低，无意义；

偏高，实现不了。目标一定要具备"可实现性"：有效的目标应该是通过努力可实现的，它应高于现状，但又不能高不可攀。

2.1.4 相关性（Relevant）

组织目标和个人目标要能结合。你所设定的目标应该与你的奋斗方向、远大理想或长期目标相匹配。

2.1.5 时间表（Time table）

即要在规定的时间表内完成目标。目标的时间表很好理解，就是设定目标时，要确定完成期限。比如，你要完成一篇考察报告，设定的时限是"6月1日上午9：00~11：00"，这两个小时就是你的工作时限。时限不只是时间数量，它必须有起止时间，从几点开始，到几点结束，视具体工作确定到日、小时、分钟。

合理的项目时间是项目成功的关键。

做项目，一定要能具备预判项目需要做多久的能力。时间预估太长，对制造企业不划算；时间预估太短，对项目组不利。

那么，应该怎样来预判或预估项目的时间呢？首先要对制造业的问题做个大致了解，包括人的问题和流程的问题，然后根据这些问题做一个大致的计划，在计划的每个节点估算出完成时间，最后统计出总的完成时间。所以，项目时间的预估，绝对不是凭感觉说出来或写出来的，必须要按照科学的方法去推算出来。

2.2 选择最适合的项目管理的方式

最合适的项目管理方式，应该一月一大结，一周一中结，一天一小结。每天要有一个日总结，每周要有一个周总结，每月要有一个月总结。总结对于工作的改进和预防问题发生非常重要。很多企业不重视总结，这是非常糟糕的事情。这里给大家一个做管理的原则：管理重在预防，这个道理，很多人都懂，但就是不去计划、准备和行动。强烈建议制造企业将预防会开起来，就能解决很多问题。

很多领导喜欢事后救火。其实只要我们用心，对于能预测到的问题，事前提前预防，不要出差错；对于预测不到的问题，事后加以检讨。千万不要事事检讨，更不能事后不检讨。总结的目的——做得好的，值得鼓励，继续坚持；做得不好的，可以共勉，提出改进、预防措施，然后提出具体建议和改进计划。

针对不同的职务，具体做法如下。

老板和项目组人员，必须做到：一月一大结，一周一中结，一天一小结。

管理人员和项目有关员工，必须做到：一周一中结，一天一小结。

2.3　做好项目目标激励，让项目管理更有效

管理一定离不开激励，项目目标确定时，就应该将激励规则商定好。合理的激励，对项目目标的达成有着直接的影响，要足够重视。为什么是商定激励的规则，而不是制定激励的规则呢？因为商定和制定是有区别的。长期以来，我们做管理，总喜欢说制定目标、制定考核标准、制定激励措施等，但是这样去表达和操作，是很难做好管理的，因为这样做，只会让人被动。为什么呢？因为讲制定，往往是上级说了算，是无法调动成员积极性的。商定，则不然，是上下级之间和平级之间相互尊重、平等协商的结果。做管理，是靠团队来做出好的结果，所以，一定要懂人性——每个人都会认可自己的决定。

商定的好处在于：你尊重了他的意见和建议，他就感觉受到重视，他觉得跟他有关，他就有了参与感，他才会提出自己的诉求，他就会把自己的目标和组织的目标真正结合起来考虑，他就会动脑筋替组织提出可行的措施或主张，这样，对整个士气的提升是大有好处的。

第 3 章　项目管理为什么总是这么难

抓住了项目管理的核心和关键，项目的管理就不会难做。

3.1　做好项目管理的核心一定要知道

做任何事情的核心，一定跟人有关。人的合理需求满足了，就不会存在核心问题。

一个制造企业的领导或老板没有意识到对管理人员和员工工作、生活和家属的关心的重要性，是不合格的。不懂关心管理人员和员工工作、生活和家属的领导或老板，管理是没入门的。

领导者，是活在未来的、领导未来的；管理者，是活在现在、管理现在的。如果做领导或做老板的，连现在都不知道如何引导管理人员去把管理做好，怎么能领导好未来呢？

现在很多制造企业的领导和老板，不太懂什么是企业的核心竞争力。很多老板把制造业的先进技术、专利、优良设备、规模、品牌、个人能力等当作核心竞争力。实际上，制造企业的核心竞争力，一定跟客户和员工有关。

3.2　解决这几条，项目管理不再难

第一条：制造企业老板具备了正确的观念、决心和爱心，是项目成功的原点。

第二条：一定要在事前做好项目预算，即便是项目预算做漏失了，该花钱的地方，一定要舍得投入。

第三条：项目的人选非常关键，如果选错了人，又搭配不好，项目即便成功了，也只是运气好。

第四条：项目目标的确定很重要，合理的项目目标是项目成功的入口。

第五条：项目目标确定后，相关人员要事前商定好激励措施，愿赌服输。比赛也好，对赌协议也罢。该承受的，要承受。

第六条：项目过程中，一定要派专人检查项目的进度和效果。

第七条：项目过程中每个阶段取得的成果，要给予相关人员适当激励。

3.3 做好项目管理的这些重点工作，就解决了 80% 的问题

项目管理的时间一般至少需要半年（包含调研期 1 个月），重点要从以下几个方面去做到位。

首先，要开好调研动员会。动员会，是首次给管理人员的信心会，务必要提前准备好。

其次，就是调研。调研是展示你专业的好机会，千万别把自己不专业的一面给到别人。

然后是誓师大会。誓师大会是制造企业告知所有管理人员和员工的管理变革决心会，老板一定要加以重视，不可草率从事。

再次，项目实施过程中的辅导和管理非常重要。作为项目老师，不光要会做，还要会说。正确的思路，加上一定的表达力和行动力，就有了辅导和管理项目的基础。

最后，项目的尾声，要做好项目总结和交接工作。注意，项目管理到这里并不是结束，精细化管理要继续做下去。这是一项长期的工作。

第4章 成功的项目管理都有自己成功的特性

项目管理要成功，就必须要找出项目管理成功的规律。

4.1 项目失败的原因

项目失败的原因各种各样，一般来说，可以从以下四个维度去分析。

维度一：咨询公司的老板或项目接单老师为了接单，很多时候会把自己的咨询产品和项目老师（包括项目经理、项目专员）予以"神化"，吹嘘自己的产品和老师如何厉害。另外，就是向客户轻易承诺在较短的时间内能达成较高的目标或指标。这些都是非常不可取的做法，容易导致项目失败。咨询公司的老板或项目接单老师在接单时，一定要懂得降低项目目标的预期。还有项目经理、项目专员不可能是完美的，制造企业的现状是缺乏科学的管理造成的，企业管理人员应该向项目经理、项目专员学习企业管理方面的经验以弥补管理上的不足。否则，制造企业的老板和管理人员一旦看到了老师的某方面不足，就会对老师失去信心。

一定要告诉制造企业的老板：项目老师不可能是完美的，制造企业的现状是缺乏科学的管理专业的，你们应该向项目老师学习、补充制造企业管理方面的经验以弥补管理上的不足。

维度二：项目老师包括项目经理、项目专员。项目经理和项目专员配置不当，是项目容易失败的常见原因之一。项目经理和项目专员不专业，以及项目经理和项目专员的性格和专业不能互补，对做好项目管理是有很大阻碍的。项目专员自以为是，缺乏上级观念，经常不服从项目经理的指挥和安排；还有，项目专员遇到自己解决不了的问题，又不向上级反映问题；或者项目专员反映了，项目经理解决不了，又不向领导和老板反映，这样长期积累下来，都会造成项目的失败。

维度三：制造业老板和项目管理人员（包括项目经理和项目专员）的管理理念不一致，制造企业老板做项目管理（或管理变革）的决心不够，导致配合度不高，也是容易造成项目失败的原因之一。

维度四：制造企业的管理层，无论是中层、还是基层管理人员，如果不能很好地配合项目经理、项目专员做好执行，项目管理也很难落实下去。

4.2　成功项目管理的共同点

成功的项目管理有以下四个特点。

一是，项目管理部负责人或项目接单老师，还有咨询公司老板，首先要了解客户的诉求，然后看看自身有没有能力做。有能力，就做；没有能力，就不要做。对于项目老师的能力，一定要如实地说明。

二是，项目经理和项目专员，性格应刚柔并济，专业互补。项目经理和项目专员，在自己的专业模块，一定是有能力来辅导制造企业的人员的。

三是，制造企业老板变革的理念和咨询公司老总、项目老师是一致的，变革的决心很坚定。

四是，管理人员愿意配合项目老师去做好自己分内的工作。

4.3　不重视项目管理成功的关键，是做不好项目的

项目成功的关键有以下三点。

第一点，制造企业要选合适的项目管理者或团队给企业去做辅导和项目管理。项目管理者要实事求是，在接单时，绝对不能忽悠制造企业，说自己什么问题都可以解决。切记，一定要结合制造企业自身的现状选择合适的项目管理者（含项目经理和项目专员）。

第二点，项目管理过程中，需要配备的资源，只要是合理的，制造企业一定给予支持。比如，物资配备和人力设置，老板要配合项目管理者去做。

物资配备方面，如开会、培训需要的场地、桌椅、投影仪、白板、白板笔、白板擦等设施。

人力设置方面，例如，稽核办职能的设置、计划物控部门计划岗位职能和物控岗位职能的设置等，对项目的成功至关重要。

第三点，制造企业的老板，作为制造业的掌舵人，千万不要以为项目管理，只要交给管理人员或小股东就可以做好，一定要亲自带头去落实并实施。

中　篇

制造业项目管理的
规范化运作

第 5 章　项目实施前的工作

项目实施前的工作做好了，项目实施中的工作就好做多了。

5.1　正确地配置项目团队，就成功了一半

本书所述的项目管理，主要以制造业的项目精细化管理为主要对象加以阐述的。精细化管理，就是以细节为控制对象、以精确为目标的管理。它是目前很多中小民企亟须加强的一堂课程。

项目团队的配置，除了项目经理和项目专员的设置，另一个关键是项目的执行人。项目的执行人一般由制造企业的老板为公司的第一执行人，各个部门的负责人、副总以上的管理人员都要成为部门或大部门的第一带头人，这是做好项目的入口。

接下来，主要说说精细化管理的执行组长、副执行组长的选择和搭配。

执行组长由老板担任。如果企业有多位股东，一定要选择在公司有威望或有权威的股东来担任执行组长。组长必须亲自推动项目，处理一切阻碍项目精细化管理的言行。副组长是组长的代理人，也应是在公司所有的部门中执行力最强的。他必须是最配合组长工作的人选，同时在公司也非常有影响力。组长和副组长要按照这个标准去选择和搭配。如果选择和搭配错了，项目往往很难成功。

甄选其他成员时，必须选择支持公司变革的，且执行力强的。否则，就会成为变革的阻力。在整个变革的过程中，如果有人思想掉队了，要坚决予以合理的处理。

项目经理、项目专员，是公司的专家、老师和项目领导的角色，项目

管理执行组长一定要支持项目经理、项目专员的工作。执行组长、副执行组长和组员都要对项目经理、项目专员加以尊重，并服从安排。否则，项目管理也难以成功。

这里要强调的是，如果老板们的变革观念不对，变革决心不够，变革就难以成功。观念正确与否，就要看他的观念是否与项目经理一致。变革是否有决心，就看他是否真正去检查变革的执行状况，以及当他发现变革执行不到位时，他是否有决心整治。

5.2 为什么说项目管理前的培训至关重要

组建好了项目经理、项目专员、精细化管理组长、副组长和组员构成的项目管理和执行团队后，项目管理的培训工作就显得很重要了。

如果内部竞聘或外部招聘过来的项目专员和项目经理不尽人意，如某一方面专业或能力有点欠缺，但咨询公司又想用他。那么，只有培训合格后才可以上岗。

性格方面，项目专员和项目经理如果不能互补，就很难将他们培训好。

如果一个项目，只需一个老师负责完成，那么，这个老师的专业应该比较全面，每个该辅导的模块，他都要懂一点，不一定要精通，但起码不能让基层员工给欺骗了。

培训口诀具体如下。

● 调研理思路，操作讲方法

调研的思路很重要，是先从人的方面，还是事的方面调研，首先要明确。调研的方式有"现场调研""会议调研""文件调研""访谈调研"等方式。沟通的方法很重要，要站在对方的角度去说、问和听。还要注意学会察言观色。

● 入职有多久，工资有多少

如果制造企业有人问你工资多少呢？你既不能不回答，又不能如实回答，你还要巧妙地回答。比如，你可以回答"不高""公司规定不让说""比你们高管或老板的工资肯定要高"，也可以反问他"你的工资呢？""你问我工资多少是什么意思？"总之，你不能直接如实回答。

●咨询干多久，行业有特殊

当制造企业的员工问你咨询干了多久了，你可以回答"N 年了""好多年了"，或者反问他"你呢？""你问这个的意思是？"

●没有调研清，不能给方法

一般在调研期间，不要轻易给制造企业任何人任何的方案、方法、工具或指导等。为什么？因为你在制造企业的时间一般没有制造企业员工的时间长，万一你说错了或者说得不客观，就很糟糕。从某种意义上讲，制造企业的老板是制造企业时间最长的员工，他绝对比你清楚制造企业的实际情况。这样会大大降低你的可信度。所以，说话一定要稳重。

●内部要纠错，纠错促提升

在项目组内部，项目经理要带头和项目专员相互纠错。金无足赤，人无完人。有时有错难以避免。错了，就改进。

●外部要纠错，纠错要修饰

项目组外部，不管是项目经理错了或不当，还是项目专员错了或不当，一个老师要纠正另一个老师的不当或错误时，要加以修饰或补充说明。绝不能直接否定任何一个老师。特别是项目专员不可以否定项目经理。否则，制造企业的员工还会对你们的团队有信心吗？

●老师要互补，外部应一致

老师的性格和专业要互补。每个老师都要尊重其他老师的专业。即便自己懂，也要尊重其他模块老师的指导。无论如何，老师们对外要保持一致和团结，这是项目成功的保障。项目组内部都不团结，怎么能给制造企业带出好团队，怎么能把制造企业员工带好？

●安排要共享，时空禁冲突

每个老师要开会或做培训，一定要由项目经理提前告知项目专员，或由项目专员提前报告项目经理。必要的事情，最好是由项目经理和项目专员商量好时间和地点再去行动，不要有时间和地点的冲突。尤其避免出现要同时使用同一个会议室或培训室的情况。一般来说，出现这种情况，是因为项目专员没有向项目经理汇报自己重要工作的安排。

● 组长说完话，组员不补充

一般来说，项目组长就是项目经理。项目经理开会讲完话，项目专员或其他人员最好不要补充。这是对上级基本的尊重。

● 老师相互抬，功劳相互让

一个团队，各有千秋，一定要相互认可。任何人，不能认为自己某一方面很专业，就忽视他人的能力，这是人际关系的大碍。

谦虚和尊重他人，很重要。人都需要认可，只要有值得被认可的地方，我们就要认可他。项目经理和项目专员相互抬举，能获得制造业人员做项目的信心，不容忽视。

每次做出了业绩，是靠大家付出才可以获取的，每个人要把功劳让给领导和团队。

● 遇人说坏话，你要表团结

制造企业的员工当着一个老师的面说另外一个老师的问题，就表示你们老师这个团队展示出不团结的信号，要赶紧加以改善。

作为老师，如果人家跟你说你的同事有问题，你不但不加以维护，反而还起哄，你就不适合做老师。该维护的，要维护；不该维护的，要委婉修饰。

总之，要给制造企业的员工做好项目的信心，不能降低制造企业对老师的信任度。这是沟通的原则。

● 说话看眼睛，才知对方心

有的老师跟人沟通，不看对方眼睛，这个很糟糕。因为你不看对方眼睛，你就不知道对方心里的意思。言为心声，相由心生，说的就是这方面的意思。身体语言非常重要，如果你不重视，你就很有可能会误判对方要表达的真正含义。

- 计划可放松，执行要抓紧

完成任何一项任务，可以把完成时间定得宽松一些，不要把时间定得严格。执行时，要抓紧。如何抓紧？要把事前、事中、事后的关键节点找出来，定出每个节点的按时完成时间，然后提前完成（不是按时完成）每个节点的任务，这样，就很容易按时完成整个任务。只有提前完成，才可以准时完成。

- 迟到要乐捐，素养很重要

作为一个老师，你迟到了，肯定要主动乐捐。不管有没有会议管理制度规定你是否要乐捐和乐捐多少，你应该主动乐捐一定的罚款，这是你作为一个老师的基本素养。自己迟到了，不主动乐捐，还要别人提醒你交款，甚至还不想交款，就不好。不要说老师，制造业老板迟到了，也应该主动乐捐。事实上，我们到很多制造企业去咨询，都要求他们这样做。何况你是老师！

- 不叫不发言，发言要帮腔

直属领导（一般是指项目总监、项目副总、项目总经理或董事长）过来视察项目工作，他没叫项目专员发言，专员就不要随便讲话。如果你要发言，就应该表现出拥护项目经理的工作，至少要把项目组内部团结的一面展现出来，让直属领导放心。对项目经理有什么意见或建议，应该尽量在内部请教或请示项目经理时解决。确实存在项目经理过分的情况，可以越级申报或反映，等待上级合理处理。

- 生活要检点，作风惹人爱

作为项目老师，你不能出现作风不良的问题。别人不光看重你做事，更看重你如何做人。人做不好，事永远做不好。做人是为了做事，做事能体现做人。

- 与人沟通时，要让人接受

与人沟通，一定要站在对方的立场来说。否则，对方听不进去，就没有用。沟通，就是做人。做人，应该让人接受你、喜欢你、需要你和离不开你。

● 与老板沟通，高效讲重点

制造业的老板，是一群很忙的人，你不要讲得太细致。否则，老板听不进去。千万注意，有的老板喜欢书面报告，有的老板喜欢口头报告，有的老板喜欢书面和口头同时进行报告。像这些，你要根据实际情况来加以合理调整。

● 会场是战场，研讨显专业

每次开会，不要小看它。每一次的会议都能体现出每个人的为人、专业度和是否能给他人信心，所以会前要做好充分的准备。有了充分的准备，会议就会成功了一半。

● 发文不能错，错了负文责

作为老师，每次做完文书后，要及时检查，发现文字错误，应立即纠正。如果因没有及时检查出文书问题，被客户发现了，一定要文责自负。什么是文责自负？比如，你每错一处，自己主动乐捐 5 元，这就是文责自负。文书的严谨、正确，能体现出老师的素养。重要的文件，最好让同事或朋友帮忙检查一下，没问题后，才发出。文责自负，是基本的工作态度。不要小看这些，也许客户就从这些细节来检验你们做事的责任心。

● 口头要避免，书面写重点

对于重要的事情，如安全问题、品质问题、数量问题和成本问题，这些问题的报告和交接，一定要书面报告和交接，不要口头报告和交接。避免一旦出了问题，很难找到责任者，也不好追究责任人。千万不要图一时之快。殊不知，当时觉得口头沟通方便和高效，但是发生问题后，去调查这些问题的原因和找对策时，就会很麻烦，且浪费时间，最终怎么会高效和方便呢？其实浪费更大。这种坏习惯一定要改正。

● 过程要反馈，结果要报告

很多管理人员，不懂得站在主管的立场考虑问题，没有或没有及时向主管汇报工作。这种现象有哪些问题呢？

比如，主管不知道你有没有做事，他可能在想，你是不是在混日子，还是对他有意见？

主管不好全面掌握他手头所有的工作，稍有不慎，就会做出不科学的决策。这时，他因为承担主管责任，会找你麻烦。

当你遇到解决不了的问题，你又担当不起时，就该向主管汇报。

● 不懂就要问，有错就要改

一个人，不懂不要装懂。项目管理人员不能辅导的模块，就不要去辅导。辅导不出业绩，会拖垮制造企业。坦诚很重要，这样会让上级信任你。信任是首要的。如果没人信任你，一切等于零。

人非圣贤，孰能无过，过而能改，善莫大焉？我们都是普通人，都会有错。该认错的，要认错；不该认错的，可以不认错。但是不管怎样，都要改错。

● 亲自做重点，机密不能泄

重要的事情，自己要亲自做，不能交给部属去做。不管是制造企业的商业秘密，还是咨询公司的商业秘密，都要加以保密。这是基本的职业操守。

● 粗放随意差，精细出效果

很多制造企业的管理很粗放、很随意，做老师的也不能犯同样的错误。自己的本职工作，也要精细化和标准化。

上面的培训，主要是针对一些为人做事的培训。

关于咨询公司和制造企业的制度、文化、产品等内容，一定要培训。

5.3 学会把你的团队拧成一股绳

团队，从字结构来理解，就是一个有口才的人对着一群有耳朵的人讲话。

很多制造企业有团，没有队。什么是团？什么是队？团就是组织。队就是组织力。团队如何被拧成一股绳，要靠领导。领导最主要的是领导力，领导力有六个方面: 学习力（持续成长的能力）、教导力（培育团队的能力）、感召力（凝聚人心的能力）、组织力（整合资源的能力）、决断力（多谋善断的能力）、执行力（创造绩效的能力）。

要想把团队拧成一股绳，主要说的就是团队要有凝聚力和教导力。凝聚力和教导力怎么做？回答是：团队的领导一定要做物质激励、精神激励和成长激励。物质激励、精神激励和成长激励，是领导给被领导者的激励，是领导的重要工作，也是提高执行力的核心。

5.4　调研诊断

没有调查，就没有发言权。只有调查和研究了现状和问题，才知道如何提出项目的对策、目标和方法。

5.4.1　召开动员会，使调研工作顺利开展下去

召开调研动员会的目的是做好调研。

调研，是调查研究的简称。指通过各种调查方式系统客观的收集信息并研究分析，对各产业未来的发展趋势予以预测，为投资或发展方向的决策做准备。

现在一般通过各种调查方式，如现场访问、电话调查、拦截访问、网上调查、邮寄问卷等形式得到受访者的态度和意见，进行统计分析、研究事物的总体特征。

动员，最早是军事术语，本来的意思是把国家的武装力量，由和平状态转入战时状态，以及把所有的经济部门（工业、农业、运输业等）转入供应战争需要的工作。另一个意思是发动人参加某种活动。还有一个意思，就是发动。这里取第二个意思，即发动人参加某种活动。

这里，动员会，是指调研动员会。故而，调研动员会目的，就是发动项目相关人员配合项目经理主导的调研工作，使调研工作顺利展开。

5.4.2 懂得如何调研，调研就成功了一半

调研就是对大量一手市场调研数据的深入分析，全面客观地剖析当前行业发展的总体市场容量、市场规模、竞争格局、进出口情况和市场需求等特征，以及行业重点制造企业的产销运营情况，并根据行业的发展轨迹及实践经验，对各产业未来的发展趋势做出准确分析与预测。

帮助制造企业了解各行业当前最新发展动向，把握市场机会，做出正确投资和明确制造企业发展方向。调研的目的是获得系统客观的收集信息研究数据，为决策做准备。

实际上，从管理的角度来讲，我们在制造企业的项目调研，做得最多的是管理调研。一般通过现场调研、文件调研、会议调研、访谈调研等方式，就能比较全面地了解了制造企业方方面面的问题，然后做成调研报告即可。

调研到底要多久，是根据制造企业的实际情况和制造企业的需求来确定。同样的人数，调研的时间越长，了解得越全面、深入，调研的结果越准确，做出的决策会越科学。一般建议调研至少一个月。

调研，最关键的是要抓住制造企业的痛点问题、核心问题和重点问题去调研。如果调研，没有抓住痛点或财务方面数据的重大损失，这个调研基本上是失败的。因为它不能打动老板。

痛点问题，一般是从经营的角度看损失；核心问题，一般是针对人而言的根本问题；重点问题，一般是从流程的角度去分析瓶颈工序问题。

痛点问题和核心问题，在下篇"项目管理实际怎么做"里会做详细论述。

这里，主要论述一下重点问题。

重点问题，是从管理的角度，按照 TOC 的管理原理或者流程管理 ECRSI 分析原则等方面做详细陈述，从专业上打动老板，令老板对项目组更加有信心。

ECRSI 分析原则是指取消（Eliminate）、合并（Combine）、调整顺序

（Rearrang）、简化（Simplify）、增加（Increase）。

取消（Eliminate）："完成了什么？是否必要？为什么？"；

合并（Combine）：如果工作或动作不能取消，则考虑能否与其他工作合并；

调整顺序（Rearrange）：对工作内容和步骤重新排列；

简化（Simplify）：指工作内容和步骤的简化，也指动作的简化、能量的节省；

增加（Increase）：对于流程和工序环节，该增加的，一定要增加。强调一下，千万不要以为，增加就是浪费。在浪费的概念里，有一种说法是，有时不该节省的环节，你节省了，也是浪费。根据多年流程管理的经验，制造企业不少该有的环节缺失。

在进行 5W1H 分析的基础上，可以寻找工序流程的改善方向，构思新的工作方法，以取代现行的工作方法。

运用 ECRSI 五原则，即取消、合并、调整顺序、简化和增加的原则，目的都是为了保证品质、提高效率和降低成本。

一份优质的调研报告，要写的内容很多。但不管篇幅怎么浓缩，痛点问题、核心问题和重点问题，都要一一呈现在报告里。

5.4.3　要明白报告陈述的目的是什么

报告陈述的目的是让老板对项目和相关人员实施有信心，给项目实施一个好的开始，项目有一个清晰的方向。

调研报告，是根据现场了解、查看文件、访谈和参加会议等调研方式对制造企业的问题做一个相对比较全面深入地了解后所做出的一个诊断方案。调研报告里一般有总论、模块的问题与对策、管理变革思路、项目推进计划等内容。

报告陈述前，要了解报告里哪些地方要重点讲，哪些地方要详细讲，哪些地方可以一句带过。一定要提前演练如何陈述，千万不要做没有准备的陈述。没有准备的陈述会，就是准备失败的陈述会。

陈述时，要把难懂的地方说清楚，重点部分，如痛点问题、核心问题和重点问题，要多花点时间讲详细，让每个参会人员听懂。好的陈述会，就是一个培训会。

陈述后，要按照调研报告里制订的"项目推进计划"展开项目实施的工作。

第6章 项目实施中的工作

项目实施的目的是将调研后的"诊断方案"或"精细化管理项目进程表"结合实际跟进辅导、落实到位。

6.1 与老板书面确认项目管理组织成员的重要性

项目管理首次会议前有两项工作很重要,一项是给予项目组成员(项目经理、项目专员)聘书,一项是授予整个项目组授权书。

名不正,则言不顺。做项目前,给项目组成员一个书面的聘书和项目组授权,非常重要。

首先,制造企业应该给项目经理、项目专员颁发聘书,然后再给其他项目管理变革领导小组的成员发聘书。

一般项目的"聘书"示例如下。

示例1:

聘书

兹聘请_____为××有限公司管理变革项目经理。

特颁发此证!

××有限公司董事长:

××××年××月××日

示例 2：

聘书

　　兹聘请＿＿＿＿＿为 ×× 有限公司管理变革项目专员。

　　特颁发此证！

　　　　　　　　　　　　　　　　×× 有限公司董事长：

　　　　　　　　　　　　　　　　　　×××× 年 ×× 月 ×× 日

示例 3：

聘书

　　兹聘请＿＿＿＿＿为 ×× 有限公司管理变革项目经理。

　　特颁发此证！

　　　　　　　　　　　　　　　　×× 有限公司董事长：

　　　　　　　　　　　　　　　　　　×××× 年 ×× 月 ×× 日

　　其次，制造企业还要给项目组颁布一份《项目组授权书》，然后公布出去，让全体员工配合项目组的工作。制造企业老板签发、颁布《项目授权书》，是为了顺利完成项目进度和项目目标而给予项目组的权力，大致内容如下：

授权书

　　为了完成项目目标，使项目顺利地推行下去，经公司研究决定，给予项目组奖罚权、工资调整权和人事任免权。请各个部门人员全力以赴地配合项目组工作。违者，不论资历、职位，一视同仁处置！

　　　　　　　　　　　　　　　　　　　×× 市 ×× 有限公司
　　　　　　　　　　　　　　　　　　　×××× 年 ×× 月 ×× 日

6.2　召开项目管理首次会议

项目管理的首次会议，就是项目启动会。

项目启动会的主要内容是企业老板讲话、老板宣布项目管理章程和项目经理讲话三项内容。

6.2.1　制造企业老板讲话

制造企业老板讲话的目的是阐明变革的重要性、决心和期望。下面以一家制造企业的精细化管理实施老板演讲稿为例供大家参考。

精细化管理实施演讲稿

各位老师们、各位同事：

大家下午好！

今天，我们在这里召开 MPHH 家具有限公司精细化管理实施誓师大会，意味着 MPHH 全公司性的管理变革实施阶段正式拉开序幕。

MPHH 经历了曲折的发展历程，更知道市场的残酷性，但 MPHH 渴望发展，渴望与各位员工共同发展。

MPHH 的今天，是我们全体员工艰苦奋斗的结果，MPHH 的发展与各位员工的努力有着密不可分的关系。在这里，我作为 MPHH 公司的总经理，真诚地感谢各位员工！谢谢你们！

目前整个市场的大环境竞争激烈，产品的利润不断下降，原材料不断涨价。很多行业内的工厂为了生存苦苦挣扎，而我们也面临着同样的问题。坦白地讲，公司面临着巨大的压力。具体表现在：内部管理失控、生产浪费严重、生产效率低下、客户投诉多、订单准交率低等。这就是我们在快速发展的同时，淡化忽视管理所带来的严重后果，已成为制约企业生存发展的瓶颈。

制造企业的成长规律往往是发展与危机并存，这是很多制造企业在成长过程中都无法逃避的现实，作坊式管理已经不能顺应制造企业发展的需要，科学管理是必然趋势。先进的制造企业管理模式、具有核心竞争力的制造企业文化、优秀的核心管理团队，是制造企业做强、做大的前提，这也是很多中小制造企业所遇到的瓶颈。

面对原材料价格的不断上涨，市场竞争对手的市场挤压，经营、管理成本的快速膨胀，MPHH生存的空间未来会越来越窄。制造企业要生存、要发展，怎么办？实施变革！制造企业要变革，制造企业中的人也要变革，只有下定决心，改变思想、改变行为、改变习惯，企业才有出路，个人才有发展。

为彻底解决目前MPHH管理中的问题，我们特意聘请×××专家老师来公司协助我们实施管理提升。大家要明白，我们的目标是通过项目组专家们对本企业"把脉诊断"，找出阻碍企业快速发展的各种障碍，针对性地提出整改方案，然后和大家一起运用科学的管理理念和方法，标本兼治，实实在在地解决目前企业中存在的各种问题，共同打造一个科学管理、快速发展、在家具领域具有极强竞争力的MPHH，这才是我们的真切期望！

经过20多天的调研，华企老师对我们MPHH目前的管理现状提出了十分中肯的看法和解决建议。为确保MPHH管理提升工作顺利开展，公司成立了MPHH精细化管理执行小组和稽核办。

现在，我代表公司高层，对管理提升第一阶段的工作做以下布置，希望全体人员严格遵照并执行。

1. 我宣布：从今天开始，各部门、各单位必须积极主动配合老师们，必须一丝不苟地完成各项管理提升工作任务，必须严格贯彻执行管理提升的各项方案。违反者，上至总经理、下至生产员工，一律按照公司相关规定进行处罚。

2. 为配合MPHH家具有限公司管理提升工作，确保管理提升各项工作顺利开展，强化管理提升工作的执行力度，经研究决定，特授予项目组：奖罚权、人事任免权、工资调整权，对公司管理提升中有关部门、人员的工作业绩及配合程度，项目组有权直接给予奖励或处罚。

变革是难过的，习惯的改变是痛苦的，但我有绝对的信心带领各位，与项目组一起，克服种种困难，解决困扰我们的管理瓶颈，为企业后继发展打下坚实的基础。

我相信，雨后彩虹是美好的，变革后的 MPHH 将会重新焕发新的活力。当然，MPHH 发展了，公司赚钱了，公司决不会亏待自己的员工，建立公司与员工、客户、社会共赢的局面。所以，在座的各位要相信，公司好了，个人的"钱途"也是光明的。

可以说，MPHH 已具备再次腾飞的空间，而今缺少的，就是两只再次腾飞的翅膀。对我们所有人来说，这是个机遇，品牌的提升带来的契机就把握在我们手中，企业做大了，利益当然属于我们每个人，包括职位提升、收入的增加、良好的学习机会等。当然，这也是个挑战，"梅花香自苦寒来"！要改变，就要放弃，放弃影响制造业和个人发展的不好观念、不好方法、不好习惯。没有这个决心，我们的变革将成为一句空话。

这个世界的急剧变化已不容许我们再迟疑，机遇稍纵即逝，必须要抓紧把握。只有将我们的管理规范化、制度化、数据化，只有竭力加强内部管理，才能提升我们的品牌，才能提升我们的竞争力。

总之，MPHH 的未来和我们自己的未来，要靠大家共同创造，将来的命运，要靠自己把握。坚信这一点，让我们共创 MPHH 美好的明天。

谢谢大家！

MPHH 家具有限公司

总经理：

2022 年 3 月 5 日

6.2.2　宣布项目管理章程

项目管理章程主要包含管理变革（或精细化管理）的目的、管理变革领导小组职能、管理变革领导小组成员及职责、管理变革领导小组的具体运作等内容。

下面是制造企业常用的《管理变革领导小组章程》。

××有限公司
管理变革领导小组章程

1. 目的

为推动公司管理变革，确保管理变革工作顺利开展。

2. 范围

本章程适用于××有限公司管理变革全过程。

3. 管理变革领导小组职能

3.1 结合公司未来发展战略需要，确定管理变革的方向和目标。

3.2 与专家组配合、协调、沟通并确定管理变革工作的策略和进程安排，妥善处理在管理变革工作中出现的问题。

3.3 配置足够的资源，确保管理变革工作的顺利开展。

3.4 召开管理变革小组会议，并协调、安排各成员工作任务。

3.5 跟进管理变革各项工作执行情况，并进行适当的修改、纠正。

4. 管理变革领导小组成员及职责

4.1 组　　长：×××

　　副组长：×××

　　项目组：×××

　　成　　员：×××

4.2 项目组负责策划及监督管理变革的全过程。

4.3 管理变革领导小组组长负责管理变革小组的全面工作。

4.4 管理变革领导小组成员负责落实、督导具体工作任务的执行。

5. 管理变革领导小组的具体运作

5.1 由项目组依据月度进程表制定周项目任务书。

5.2 每周五上午12：00前制定下周项目任务书，15：00前由董事长或总经理签字确认后下发。每周五16：00召开高层沟通工作会议，检查、总结本周工作任务完成情况，安排下周工作任务。

5.3 管理变革领导小组成员具体组织、实施、跟进、检查项目任务书各项工作，如有不明之处及时向项目经理反映，项目专员及时给予指导。

5.4 管理变革领导小组组长随时对项目工作情况进行跟进、检查，对出现的异常情况及时进行相应处理。

5.5 若项目工作在实施过程中有不能按期完成任务的情况，须提前 24 小时告知管理变革领导小组组长及稽核办主管／负责人。

5.6 如周项目任务书内容有调整以及管理变革工作中出现的问题，由项目组（项目老师）与管理变革领导小组（企业老板和管理人员）共同商讨确定。

6. 管理办法

6.1 管理变革领导小组所有成员必须按时参加管理变革领导小组会议，并遵守会议纪律，若有违反按《会议管理制度》处理。

6.2 如有未按时完成周项目任务工作而又无正当理由的，处罚责任人 20 元／项任务。

6.3 管理变革领导小组成员须接受稽核部的监督，若有违反按《稽核管理制度》处理。

7. 本章程从颁布之日起生效。

总经理：
年 月 日

6.2.3 项目经理讲话

项目经理讲话的目的是阐明变革的内容、改进的方向，希望大家配合，以期取得良好的效果。下面是一家制造企业项目经理的誓师大会发言稿，供大家参考。

誓师大会发言稿

尊敬的张总、吴总，以及 MQ 公司的全体同仁们：

大家下午好！

来自广州 OB 制造业管理研究所的项目组老师进驻 MQ 已经一个多月了，在这一个多月的时间里我们通过多种方式对 MQ 公司进行了比较全面、细致的调研。在调研期间我们得到了 MQ 全体同仁的信任、支持和帮助，在此深表谢意，谢谢大家！

通过调研，我们了解到，公司也存在着一些问题，比如说：组织架构设置不合理、流程制度不能执行、细节管控不到位、品质失效成本较高、新进员工流失严重等。同样，我们也了解到，公司全体人员都有着求真、务实的态度和精神，渴望通过管理变革改变企业现有的问题，提高工作效率和效益，为公司的发展贡献自己的力量。故此，我们相信，有在座各位的大力支持与配合，此次管理变革一定会取得圆满成功。

下面，我把 OB 老师的基本工作内容给大家做简单介绍。

● 这次变革是由我们 OB 制造业管理研究所佛山分公司的向高伟总经理、吴云锋副总经理担任整个项目的总负责人、总指挥。由我担任项目组组长，率领张卫东、何应国两位老师驻厂跟进，与制造企业的各级管理人员及广大员工一起具体实施各项管理变革工作。在管理变革过程中，我们还会根据实际需要，安排有关老师针对问题进行专项协助和处理；

● 项目组老师的正常工作时间：周二至周六上午，每天的上午 9:00 至 12:00，下午 14:00 至 18:00。并且根据需要安排加班，研究工作中存在的问题，寻找解决办法；

● 为了与公司各级人员加强沟通，及时了解制造企业的实际状况和各位在工作、生活中所遇到的问题，我们将设置和开通 OB 信箱，由 OB 老师直接收取信件，并跟进处理、回复，直到问题得到解决为止；

● 公司已经成立了管理变革领导小组，由公司总经理及各部门负责人共同组成，率领大家完成整个管理变革过程。通过完善规定，改变工作中存在的随意性和不执行行为，让各项工作落到实处。同时，公司还成立了稽核办，在 OB 老师的指导下代表公司最高层检查和处理各项不合理、不公平的违规行为，以及工作中存在的消极、不负责任行为，在企业树立正气；

● 我们将在营销、生产、计划物控、品质技术、人力资源等各方面，全面展开工作，解决管理中的瓶颈问题。我们将重新设置组织结构设计，并陆续开展"人心控制""采购控制""产能提升""品质提升""成本控制"等战役，并通过调查发现问题、进行案例分析、流程导入。所导入的流程经过起草、研讨、发行、执行、稽核、修改及优化的步骤进行流程再造。通过规范管理，把过去工作中存在的不良行为、习惯逐步改善，建立标准化、数据化、制度化的企业管理模式。同时在这个过程中，我真诚期望MQ的所有职员：学会放弃，学会融合，学会团队协作，建立公平、公正、公开的企业文化。

●在员工职业生涯规划方面，我们将推出MQ人才成长培养计划，让公司从部门部长到一线员工都有机会参加公司组织的培训，获取更多的知识，提高自己的能力，并最终根据对公司的贡献实现双赢；

●在企业文化方面，我们将充分发挥MQ人的特点，组建MQ的文化建设队伍，建立企业管理变革宣传栏，组织、开展各种文体娱乐活动，设立各类比赛、竞赛，让公司员工工作、生活更加丰富多彩；

●在生活环境及条件方面，我们也将通过建立员工自己的监督管理组织，群策群力，共同管理、改善我们的生活环境和生活条件。

总之，管理变革是一家企业全员的运动。在这个过程中，会涌现一部分积极向上的优秀人才，在管理变革过程中体现自己的价值，实现自己的职业目标。而大多数员工会在这场运动中得到成长。当然，也有可能出现极个别员工会在管理变革过程中因循守旧，故步自封，最终被淘汰，当然，这个可能我们都不希望发生。

如果说MQ是一列火车，那么今天在场的每个部门就是这列火车的一节节车厢，公司的高层管理就是火车头，"火车跑得快，全靠车头带"，而我们在座的每一位员工就是这列火车的乘务员、机械师。当然，OB老师也不是乘客，是指引这列火车朝正确方向前进的调度员。记住，我们都不是火车上的客人，大家只有团结合作、奋勇拼搏，这列火车才能驰骋前进，从而快速到达胜利的驿站！

公司是一个大家庭。在这个大家庭里我们仍然要坚持分工不分家的原则。工作上大家一定要互相帮助，团结一致；工作中要树立敬业意识和公仆意识，热心、诚心、耐心地为公司各部门提供服务和帮助；在做好本职工作的同时，要刻苦钻研，提高自身的综合素质和应变能力。积极努力地工作，不懂就问，不会就学，不好就练，始终以一名战斗者的姿态，迎接着这种全新的挑战。同时，希望在变革过程中各部门全心投入，积极配合做好以下工作。

（1）加强部门与部门、同事与同事的沟通，营造团队协作氛围。没有完美的个人，只有完美的团队。团队协作精神才是工作致胜的法宝。

（2）从改造自己入手，适应制造企业生存环境。德才兼备的人，才是人才。我们既然是公司的一员，我们目前要做的，就是要通过努力学习、努力工作来改造自己，以拓宽自身的知识结构，提高专业素质和道德修养。我相信，只有这样才能跟上企业发展的步伐，才不会辜负领导的期望。

（3）从细微工作入手，积极调整个人心态。不管是管理人员还是员工，处事要低调，要在荣耀面前退一步，在困难面前进一步。要坚持踏踏实实做人，认认真真做事，坚信细节决定成败。

（4）"业精于勤，荒于嬉"。在以后的工作中要不断加强学习，要始终坚持多看、多听、多想、多问、多做的方针，不断提高自身的工作能力和工作效率。

（5）锻炼胆识和毅力，提高解决实际问题的能力。工作中要敢想敢做，在做好本职工作的同时，努力加强各方面能力的锻炼，将自己融入 MQ 公司的事业中，以达到共同进步和双赢的目的。

因此，我相信，只要我们更加紧密地团结在公司的四周，迎难而上，以坚韧不拔的决心和毅力并肩作战，一定可以在短期内从根本上解决公司各方面存在的问题，创造一个崭新的名副其实的行业品牌。路漫漫其修远兮，吾将上下而求索。人的一生就像城市中的公交车，会到达许许多多的驿站。每到达一个驿站，就意味着一个新的征程；每过一个驿站，就能带走很多宝贵的财富。过去的几年中，我们收获了。

我们有成与败，有得与失。过去不等于未来，没有失败，只有暂时停止成功。此次变革又是一个新的驿站、新的征程，我们要想在这个驿站获取更多的宝贵财富，任重而道远，在此我真诚希望大家加倍努力。加强学习，努力充实自己，既拥有进取心，也保持平常心，快乐地去工作，在工作中寻求成就感！以更加饱满的热情和充沛的精力投入到工作和学习中，为公司的发展壮大贡献自己的力量，书写自己人生中浓墨重彩的一页，我相信，MQ 公司的明天一定会更好、更大、更强。

最后，让我们一起携手并进，共创 MQ 的美好明天！谢谢大家！

OB 制造业管理研究所

MQ 项目组：

年 月 日

6.2.4 宣布项目管理成员名单

项目管理首次会议后，由人事行政部把所有参与项目管理的有关人员（包括项目经理、项目专员）编制一个项目组人员通讯录（就是把他们的联系方式做一个汇总），然后公布到制造业公告栏，使全体员工知晓。

公布项目组人员通讯录的目的是方便联系，不要因为不能及时联系而影响项目的质量和进度。

项目组人员通讯录的一般内容见表 6-1。

表6-1 精细化管理项目组人员通信录

序号	单位/部门	姓名	性别	职务	学历	内线电话	手机	邮箱

6.3 制订项目管理计划

《礼记·中庸》云："凡事预则立，不预则废。"没有准备的工作，就是准备失败的工作。

什么是计划？计划就是将现状达成目标的岗位作业节点时间表。计划可以是名词，也可以是动词。从名词的意义上说，计划是指岗位为了实现目标所预先安排的作业时间表。从动词的意义上说，计划是指岗位为了实现目标所预先设定的行动安排。

制订计划的主要目的，就是明确方向，使工作有序进行，提高工作质量和效率，减少风险和浪费，降低成本。

6.3.1　制订整个项目管理推进计划的要点

为什么要做项目管理推进计划？

有了项目管理推进计划，实施项目就会有先后顺序，也就有了项目的质量和效率。习惯做计划的人，是懂时间管理的人。

项目管理推进的计划是根据项目的总目标来制定的。比如，总目标是：订单批次准交率提升到90%、客户验货批次合格率达成95%。

将项目的总目标分解为每个月的目标。将每个月的目标，再分解成具体的行动，就是项目管理推进计划。

计划的主要内容有两个部分：一个是建设性的计划，另一个是改善性的计划。日常性的工作，一般不会写在计划里。建设性的计划，就是制造企业对于没有做过的事情要采取的行动措施；改善性的计划，就是对曾经做过的事情加以改善的行动措施。

6.3.2　制订和商讨项目管理月计划的重点

项目管理月计划是根据项目管理推进计划，结合上个月目标完成的实际情况而制订出来的计划。

项目管理月计划的重点，一个是月目标，另一个是引领性指标或具体的行动措施。

本月要完成的目标，一般是指管理的目标。比如，某月的订单批次准交率提升到60%、客户验货批次合格率达成65%。

根据月目标分解成引领性的指标和具体的行动措施，然后排出先后顺序，就是月计划。

比如，每月检讨一次订单批次准交率达成情况，加以考核和激励；每周召开品质会议检讨客户验货批次合格率达成情况，并加以考核和激励。

6.3.3　制订和商讨项目管理周任务书的注意事项

项目管理周任务书，就是项目管理周计划。

项目管理周计划，是根据项目管理月计划和上周目标的实际达成情况制定的。

项目管理周计划的制订，一定要让下属先把他一周要做的计划上交给自己审查一下，看下属上报的计划是否合理。合理，就不用改。不合理，就引导下属达成共识。和下属商量好一周的计划，这是非常关键的。千万不要只由上司来确定下属的计划。

下属自己提报的计划，自己更愿意做。所以，计划的制订，一定是由下属和上司共同制定的，才可靠，才有执行力。

6.4　项目任务做法的培训

项目组主要的工作是通过下达项目管理周任务书给企业员工来完成项目工作的。关于会议怎么开和流程怎么做，是需要项目组给制造业配合人员做培训的。

会议怎么开，主要是做好会议前的准备工作。充分的会议准备，能使会议成功一半。

开会，和做任何事情一样，要确定事前、事中、事后的关键任务节点，然后按照节点要求的完成时间提前完成，最后开会的任务就能如期完成。

会前、会中、会后做什么，都要明确关键节点。然后，责任人按照节点要求的完成时间去提前完成，完成不了，由检查人对责任人问责。只要保证每个节点能提前完成，最后的结果，一定是能按时完成的。一个会议开了很多次，没效果，与会前的准备工作不充分关系很大。会议规划得越周密，准备得越充分，会议的效果会越好，效率会越高。

流程怎么做，关键要了解流程与岗位职责的关系。流程是岗位职责的细化和延伸。责任岗位人员执行好了流程，岗位职责的落地就没多大问题。

制定流程前，首先要找出流程环节的失控点。根据流程环节的失控点，去设计流程关节的控制点。控制点，有可能会增加，有可能会减少，也有可能会被修正。

关于每周管理例会、每日生产协调会怎么开，以及流程的推行到底怎么做，后面的章节会有详细描述。

6.4.1 表格单据的设计

一个制造企业的管理，它的基础管理离不开 5S 管理（包括目视管理）、班组管理。这些都离不开表格、单据的管理。

例如：如何知道每个员工的产量和班组的产量，并加以分析如何提高人均产量？如何知道一个班组的品质状况？如何控制一个制造业的生产成本？

像这些事情，都要通过表格、单据来加以统计、分析和管理。

这里重点说说表格、单据内容的设计问题。

比如生产日报表的设计内容，不仅仅只是班组、日期、型号、规格、产量等要素，更重要的是要有总工作时间、异常工作时间、质量、人数等要素。详见表 6-2。

表6-2 某门窗生产工序日报表

生产工序：　　　　　　日期：　　年　月　日

序号	订单日期	订单编号	系列颜色	樘数	未完成窗号	未完成原因	质量问题（现象×数量）
1							
2							
3							

续表

序号	订单日期	订单编号	系列颜色	樘数	未完成窗号	未完成原因	质量问题（现象×数量）
4							
5							
6							
7							
8							
9							
10							
11							
12							
13							
14							
15							
生产人数			生产总工时			异常原因及工时	

制表人：　　　　　　　　审核：

如果没有这样的原始设计，这样的表格，不可能分析出生产质量、生产效率和生产成本；

又如，很多制造企业的来料/成品检验报告里没有设计"检验开始时间"和"检验完成时间"，何谈分析、控制、提高检验效率。

表格单据栏目的设计须满足"质量原则"和"效率原则"。"质量原则"是指表格单据栏目符合"正确性"和"完整性"；"效率原则"是指表格单据栏目符合"逻辑性"或"流程性"。

笔者到很多制造企业去辅导时，发现很多制造企业的表格、单据填写不规范。内容不清晰、不完整，是很常见的情况。表格、单据的填写要求，必须真实、正确、工整、清晰、完整、及时，缺一不可，详见表6-3。

表6-3　某门窗生产工序日报表（填写范本）

生产工序：×× 组　　　　　　　　　　日期：2021 年 5 月 31 日

序号	订单日期	订单编号	系列颜色	樘数	未完成窗号	未完成原因	质量问题（现象×数量）
1	5.22	W-216	隐士 H92 外棕内北美红橡	1			中挺划伤 1 次
2	5.22	W-217	隐士 H92 外棕内北美红橡	4	C2	欠转角料	
3	5.22	W-218	隐士 H92 外棕内北美红橡	5	C3	欠铰链	扇角度有缝 2 次，凹坑 1 次
4	5.22	W-219	隐士 H92 外棕内北美红橡	6	C5	机器坏	扣条划伤 2 次，外框型材颗粒 1 次
5	5.22	W-220	隐士 H92 外棕内北美红橡	2	C1	门未做好	
6	5.22	W-221	隐士 H92 外棕内北美红橡	3			框角度有缝 2 次
7							
8							
9							
10							
11							
12							
13							
14							
15							
生产人数	5 人	生产总工时		26 小时		异常原因及工时	停电 1 小时，欠料 1 小时，机器坏 1 小时，张 ×× 上午请假半天，合计 19 小时

制表人：张 ××　　　　　审核：

从表格、单据的内容设计和填报，可以直接反映设计者和填报者背后的能力和责任。

所以，表格、单据的内容设计、填报情况，是管理好坏的晴雨表。

只有把基础管理做好了，流程管理、数据管理和信息化管理才有基础。

6.4.2 制定一套科学化的流程制度

每个制造企业，每个岗位，都有岗位工作职责。岗位工作职责，是对岗位工作内容的静态的规定。如何去实现岗位职责，一定要靠流程来落实。流程是指岗位的操作步骤。

流程一定要对每个岗位每条每款的工作职责做出相应完成时间的约定，也要明确约定如果没有按时完成，就要主动承担流程里规定的责任。

制度是为流程服务的。制度，它会告诉你：不该你做的事情，不准你做；或者你该做的事情，你没做，就要处理你，这就是制度。

该做的事情，就是你的岗位工作职责。其实，就算没有制度，你也要把该做的事情做好。这是你的岗位工作责任。

制度是为流程服务的。流程没有被岗位执行或被执行到位，制度就要约束你。这种二合一的流程和制度，笔者把它们合在一起称为"制度化流程"。

科学的制度化流程，一定是合理。合理的制度化流程，就是管理人员、员工心甘情愿去遵守的制度化流程；管理人员、员工不愿意执行流程，制度定得再苛刻，持续不了，就是不合理的。

6.4.3 项目配合人员职业化提升训练

项目配合人员，是指项目成员（项目经理、项目专员）以外需要配合项目成员做好项目的执行人员。当然，项目成员，也是执行人员。有执行力的人，才有可能有领导力。作为项目经理、项目专员，如果自身做事拖拖拉拉，却要求项目人员执行力强或很有效率，那一定不能带出有执行力的部属和团队。反过来说，领导力也是为执行力服务的。领导力和执行力是很难分开的。

项目人员最需要提升的职业化训练内容是执行力训练。执行力就是按时、按质、按量完成任务的认知力、动力和能力。执行力人才的特点有三个：成果导向；信守承诺；永不放弃。所以，培训项目配合人员最主要的职业化内容就是这三个要素。

具体如何培训呢？

第一步，首先由项目经理编制好教材，教材的主题为职业化素养修炼，主要内容为：成果导向、信守承诺、永不放弃；

第二步，项目经理与相关人员商量好培训时间和参训人员后，安排相关人员发出培训通知，明确参训人员、培训时间、培训地点等内容；

第三步，项目经理按照约定的时间、地点进行职业化素养修炼的培训；

第四步，课后考试。80分为及格。及格的，不用补考；不及格的，要补考。补考两次仍然不及格的，当事人乐捐30元。再培训一次，再考试，如果还不及格，就要考虑岗位是否合适了。如果不合适，要考虑换岗，一步一步改善，直到执行力考试全部及格为止。

6.5 召开项目管理会议

如何管控好项目或检视项目管理的成效，召开项目管理会议是不错的一种方式。项目管理会议的作用是为了监控或检视项目推进的质量和进度如何。项目管理的会议形式很多，常见的有项目管理周例会、项目管理日例会、项目管理专题会议等。下面分别来阐述它们的做法。

6.5.1 项目管理周例行会议，下达项目周项目任务书

说起开会，参会人员（包括会议主持人）一讲话，就能知道这个制造企业的管理水准如何。比如，很多管理人员，你问他们，某批订单什么时候可以准时交货？他们的回答往往是大概七八天吧。你再问他们，某批订单还有多少数量？他们的回答往往会说个大概数。其实这种回答，是不精准的，直接体现出了制造企业的管理粗放。再如，你让他们写个流程，要么不会写或写不出来，要么就写得很粗放、随意，往往缺少完成工作的时间期限，或者时间期限定得很粗放，做得多与少、快与慢、好与坏，流程里没有相应细致的约束或激励。

以上这些问题，是很多民企的普遍问题。

召开项目管理周例会前，项目专员、项目经理要提前和项目配合人员商量好项目管理周计划内容。然后再把商量好的周计划内容汇报给老板审批。审批通过了，就是确定的项目管理周计划。老板没有同意，就需要进一步沟通，直到达成共识为准。

项目管理周计划，其实指的就是我们常说的项目管理周任务书。

项目管理周任务书里有"项目内容、完成体现、项目配合人员职务／姓名、完成日期、项目经理／专员、责任人签名"等内容。项目内容一般包括制度的制定、规定的制定、办法的制定、控制卡的制定、流程的制定（包括表格、单据的设计）、专题会议的召开、培训的举办和计划编制的沟通等内容。

精细化管理项目主要是通过这些工作的导入和实施，使项目做得有成效。

这里，重点介绍流程的概念和分类。

岗位的操作步骤，就是流程。流程分为三级流程，分别是：

横跨所有部门的流程属于一级流程；

横跨几个部门的流程属于二级流程；

作业指导书，只属于一个岗位的操作步骤，属于三级流程。

项目管理周任务书的一般格式，见表6-4。

表6–4 项目管理周任务书

年 月 日～ 年 月 日

项次	项目内容	完成体现	项目配合人员 职务/姓名	完成日期	项目经理/ 专员	责任人签名
1						
2						
3						
项目经理：			总经理：			

说明：若项目工作在实施过程中有不能按时完成任务的情况，项目人员须提前一天告知项目经理，并填写任务延期申请单，经项目经理审核及老板批准后生效；每提报延期一项，乐捐 5 元。未按时完成项目任务且未申请延期，或申请延期未获批准的，都乐捐 10 元／项。

项目管理周例会主要是对上周计划或任务完成情况做总结。做得好的，就维持；做得不足的，加以改进。管理，重在预防。

对上周没完成和没做好的地方，做出改善对策；下周要做的计划主要体现重点工作内容。一定要聚焦，不要什么都做。如果什么都做，将什么都做不好。因为人的时间、精力有限。什么都抓，到时候什么都没抓好。一定要花 80% 的时间做好那些 20% 的重要事情，就够了。

重点工作一般是指那些重要而不紧急的工作。比如，计划、培训、准备、预防、改善等工作。但我们总认为这些工作没有价值，往往不重视这些工作。制造企业的大多数损失都是因为不重视这些重点工作造成的。

6.5.2　项目管理每日协调会，检讨项目存在的问题和改进方向

我们设置项目管理每日协调会，本身是解决他们从不开会解决问题或者一个月甚至很久才开一次会解决问题的毛病。这样做，本身是精细化管理的思维和做法。很多制造业老板和管理人员认为开会浪费时间，这是错误的认知。如果团队能解决问题，不开会是可以的。

对于精细化管理项目而言，项目管理每日协调会，就是每日生产协调会，是每日订单或计划完成情况的检讨会。它的主要内容为：物料到厂、生产计划、订单准交检讨和异常协调。

每日生产协调会一般由计划物控部主导召开。不同的公司，关于生产协调会议的名称会不同，但是没关系，我们主要看会议的本质或会议的精神是否一致，一致就可以了。

召开每日生产协调会的目的是对每个订单实现准交服务。生产协调会主要是检讨生产计划达成率的情况。

生产协调会一般按照以下议程来召开才有效。

第一步，跟进上次生产协调会决议的实施情况；

第二步，物料到厂情况检讨；

第三步，PMC 先对自己部门影响计划达成或订单达成的责任加以检讨和承担；

第四步，PMC 会议主持人应该欢迎其他部门给自己部门提出改善意见和建议；

第五步，其他部门对影响计划达成或订单准交的原因、责任加以检讨和承担；

第六步，每个部门也应该欢迎其他部门给自己部门提出改善意见和建议；

第七部，由会议记录人宣读会议决议当场确认记录是否有误。会议上不便确认的，会后由记录人跟当事人确认跟他有关的会议决议。当会议决议和当事人都一一确认好后，由记录人将确认好的会议记录给主持人签字确认，以示生效。

当然，不同的企业，实际情况不同，会议的内容不会完全一样，需要结合企业实际去召开。

但很多制造企业实际上不是这样开会的。为什么？因为每个参会人员都怕听别人提意见和建议。

如果主导会议的人能带头首先检讨自己的问题，然后接受其他部门给自己部门提意见和建议，其他部门也能效仿，那么，这样才可以真正把会议开好。这是笔者多年开会经验的总结。

如何才可以做到这样的开会效果？企业要鼓励每个部门负责人暴露问题。有问题不可怕，可怕的是不去改善问题和预防问题。每个人要有敢于暴露问题的理念：不暴露自己部门的问题，不等于自己部门的问题就少；暴露自己部门的问题，也不等于自己的部门问题就多。

企业要倡导真实、担责的文化，倡导真实报告问题，打击隐瞒事实报告，推崇担当责任，打击逃避责任。有了问题，应及时、真实、正确、清晰、完整地汇报。否则，应严肃处理。对于屡教不改的，绝不姑息。

管理，其实是管自己，理别人。但是很多人喜欢管别人。这是我们长期以来对管理的误解。人性，不喜欢被管，没有人喜欢被管。因此，一个被管的人，如果不想被人管，最好的方法就是把自己管好，要自觉、自律和做到合理的自主，就没人愿意管你了。这是核心。

不让问题发生的最好方法是尽到责任。只要尽到了你的岗位责任，根本就不会有问题发生。没有问题发生，就不会有会议的检讨和追责，也就谈不上改善了。

下面示例以一家皮具制造企业的生产协调会议程供大家参考。希望大家参考其思路，而不是具体内容。这个制造企业的议程不是按照前面提出的议程要求去开的，但是一个制造业能按照这样的议程去把会议开好，也相当不错。

示例：

生产协调会议程

1. 会议名称： 生产协调会

2. 主持人： PMC 主管

3. 会议地点： 会议室

4. 会议时间： 星期二、星期四、星期六下午 17：00~18：00

5. 职责

5.1 PMC 主管：负责组织生产协调会议，维护会议秩序，记录会议各项内容，对会议决议事项进行检查、跟进、协调和处理；

5.2 常规参与部门：包括生管、业务跟单、生产厂长、裁床主管、三楼车间主管、二楼车间主管、包装组长、技术部主管；

5.3 临时参与部门：根据实际工作，需要相关人员参加生产协调会议的，由 PMC 部提前通知，并须告知要准备的相关资料，进行工作汇报，以及针对生产问题提出方案，执行形成的会议决议；

5.4 稽核专员：负责监督会议的质量，以及抽查会议决议的执行；

5.5 记录人：由 PMC 文员负责会议通知、会场提前准备，将会议发生变更的信息提前 10 分钟通知到参会人员；会议室的提前确定、会议现场所需道具的准备、会议签到表的准备；记录会议中的重点发言内容和会议中形成的决议；每次会议记录表在当日下班前完成，待 PMC 主管审核后，在次工作日 8：30 前分发给参会部门和稽核中心各一份；

5.6 总经理：参与星期六生产协调会（因工作需要总经理参加星期二、星期四生产协调会的，PMC 主管需同总经理进行事前确认）。

6. 会议议程

6.1 主持人宣布会议开始，提醒会议纪律将手机关机或调至振动状态；

6.2 由记录人通报本次会议参会人员到位情况；

6.3 主持人逐项检查上次会议决议事项的完成状况，对延期未完成的会议决议，必须再次形成会议决议；

6.4 记录人将上次会议决议未到完成时间的，继续记录于本次会议决议中进行跟踪；

6.5 星期二会议要求

6.5.1 业务跟单：通报客户退货情况，本周内须出货的订单与 PMC 部进行确认交期；

6.5.2 生产主管：通报上周生产部各车间的产量、计划达成率情况，日生产计划达成率，产前板生产和进度情况等，以及要求其他部门配合的事项；

6.5.3 裁床主管：通报生产进度、异常情况等，以及要求其他部门配合的事项；

6.5.4 三楼主管：通报生产进度、异常情况等，以及要求其他部门配合的事项；

6.5.5 二楼主管：通报生产进度、异常情况等，以及要求其他部门配合的事项；

6.5.6 包装组长：通报生产进度、异常情况等，以及要求其他部门配合的事项；

6.5.7 生产厂长：通报散件组生产进度、异常情况，对生产部提出工作要求，以及要求其他部门配合的事项；

6.5.8 技术部主管：通报生产部的品质状况、来料品质状况、产前板注意事项，以及要求其他部门配合的事项；

6.5.9 数据通报，见下表。

序号	提报数据	提报部门	提报人	备注
1	接单 / 出货报表	业务部	业务跟单	
2	客户退货一览表	业务部	业务跟单	
3	订单准交率	业务部	业务跟单	
4	补数汇总表	PMC 部	PMC 文员	
5	包装退货返工统计表	PMC 部	PMC 文员	
6	欠料次数统计表	生产部	生产文员	

6.6 星期四会议要求

6.6.1 除了星期二部分内容要求外，将一周一次的物料碰头会中，下周采购欠料信息进行确认，对来料品质问题和各车间的补数情况进行通报，要求相关部门责任人提出改善目标等。

6.7 星期六会议要求

6.7.1 除了星期二部分内容要求外，在会中要求生产部各车间承诺下周的计划完成产量、计划达成率、品质合格率等。

6.7.2 PMC 部在会议中向业务部承诺下周出货数量、订单准交率目标等。

7. 会议结束

7.1 记录人通报本次会议形成的会议决议，并当场与责任人进行确认；

7.2 最后通报本次会议的违规情况；

7.3 主持人宣布本次会议结束。

8. 考核条例

8.1 违反会议管理规定的，按会议管理制度执行乐捐；

8.2 记录人对于本次会议中所达成共识的事项形成会议决议，必须明确具体责任人、完成时间、跟进人及完成状态，违者，责任人乐捐 5 元 / 次；

8.3 未按规定通报数据的，责任人乐捐 5 元 / 次。

制定日期：2020 年 2 月 25 日 11 时　　　　制定人：　　　批准人：

　　会议记录人员将会议决议跟当事人确认后，形成会议记录表，上报主持人签后字发布、执行。会议记录表，严格地说，主要是会议决议的管理。

　　对没有按时完成的任务，要追究责任。但是这种责任，要提前约定好，要做到"一个愿打，一个愿挨"。千万不要自己单方面给执行人（也就是责任人）确定责任，要让他意识到这是他要尽到的责任，由他来确定"执行人自我承诺"。千万不要给人的感觉是你在要求他，甚至好像你在强制他，这样，本来是他的事，就会好像变成了你的事，反而跟他无关了。所以，引导他担当自己的责任很重要。

　　常用的会议记录表见下表6-5。

表6-5　会议记录表

会议主题		主持人		请假人	
会议起止时间		通知人		迟到人	
会议地点		代理人		缺席人	
参加人员					

会议决议管理

序号	会议决议	执行人	完成日期/时间	检查人	执行人签字	执行人自我承诺
1						
2						
3						
4						
5						
6						
7						
违纪情况						

记录人制表/时间：　　　　　　　　　　主持人审核/时间：

制造企业在创业早期，能把会开起来就不错了。不少制造企业，甚至连会都开不起来。原因是他们一方面认为开会没有用，另一方面不会高质量、高效地开会。久而久之，导致会议没有效果，就更不想开了。开会一定要注意降低会议成本。这是开会的目标，但是要想开会时间简短、效果又好，是要有个过程的，不能操之过急。

说实话，能够不发生问题或者在现场把问题解决掉，又或者现场能开好会议解决问题，都是可以的。

下面表6-6是一家制造企业的生产协调会的会议记录表的内容。

表6-6　中山SH建材有限公司会议记录

会议编号：2021030011

会议名称	周六生产协调会	主持人	吴顶安经理
时间	3月31日 10：30~11：00	会议地点	专家室
记录人	冷小龙	抄送	
参加人员	计划部：吴顶安 生产一部：赵明鼎 计划部：冷小龙 生产二部：徐勋龙 计划部：梁雁超 技术品质部：贾天送 采购部：梁思帆 计划部：杨青龙 五金：刘三灯 营销部：何志鹏 生产二部：李兆林 稽核办：贺永刚 黎如泽 董事会：老板 专家组：×××	请假人员 缺席人员	计划部：彭艳 动力车间：罗勇

会议记录

发言人	发言内容
计划部： 吴顶安	1. 总结了3月份的生产情况。 2. 再一次强调了桩的外观质量及生产加工时注意加工重点，技术品质部应对检验程序加强，更系统、更完善去检验。 3. 分析了前半年管桩的生产情况及市场预测。 4. 汇报了上周的会议决议事项。 5. 计划了4月份的生产目标与在生产当中各型号的重点

续表

发言人	发言内容
生产部： 陈应龙	1. 汇报了 3 月份的生产情况： 　　生产一部目标 51 万米　实际完成：494 775 米　差 15 225 米 　　生产二部目标 33 万米　实际完成：263 262 米　差 66 738 米 　生产总目标 84 万米　实际完成：758 037 米　差 81 963 米 2. 生产二部 27 日锅炉检修停止供气，影响 500*125A、500*125AB、400*95A、400*95AB 的营销发货。 3. 汇报了锅炉供气的准确时间（下午 3 点），明确了晚上生产二部可以正常生产。 4. 计划了生产一部转入生产二部 500 模具调度。 5. 汇报了生产一、二部 1~3 月产能共计的差距为 40 万米及没完成的原因
计划部： 梁雁超	1. 汇报了本周的物料的情况。 2. 分析了物料的计划分配的事项
董事会： 老板	1. 分析了洗石机运作特点及沙石的分类、细沙的合理利用。 2. 讲解了管桩的市场及竞争对手在各方面的优点，并在各个环节中与我们进行了对比，说明我们在一些方面的不全面。 3. 工地上 300*70A 桩的质量问题本周比较不理想，出现打烂桩的原因分析。主要有以下几点： 　A. 端头焊接不够紧；B. 焊接的缝隙比较大；C. 承受能力比较差，并分析了各个环节中的细节。 4. 端头板质量比较差，烧焊不好，材质问题也不好，必须加强此问题。 5. 叙述了 300*70A 工地的重要性，应高度重视。 6. 讲述了 1~3 月份没有完成的产能 40 万米，生产一、二部在后面的几个月要加强完成，并制作一个合理的方案
生产二部： 徐勋龙	1. 汇报了生产二部 3 月的生产情况及分析了影响生产的因素。 2. 强调了今天模具的转运速度，在转桩的时有一些没有进高压釜，应有专人跟踪。 3. 分析 1~3 月没有完成目标的原因
稽核办： 黎如泽	讲解生产二部输送带掉料到江边，导致排水沟堵塞，请生产二部尽快解决
生产一部： 赵明鼎	1. 希望以后开会有个会议议程和制度，保障会议的顺利进行。 2. 讲述了 1~3 月生产产能没有达成，怎样补回来的分析。 3. 现在负荷比较重，产能不足，需增加设备。 4. 谈生产管理中怎样把工作做好，最重要的是抓基础工作。 5. 分析了 300 桩工地上情况与生产加工中的事项

续表

发言人	发言内容
技术品质部： 贾天送	1. 汇报了本周的品质问题。 2. 分析了生产中的质量问题因素为：A. 材料；B. 模具维修；C. 离心中的跳模
五金部： 刘三灯	1. 关于物料的进料情况希望按流程来操作。 2. 分析了端头板不良的原因及节约成本的方法
专家组： ×××	1. 质量与产能一定要同时抓，但要抓好平衡点。 2. 采购原材料的质量有待提升。 3. 再一次强调了生产线上的品质观念。 4. 分析了设备故障的原因，并举例说明

会议决议

项号	决议事项	完成时间	责任人	跟踪人	跟踪结果
1	五金车间的物料进料数量，计划部一定要跟采购沟通好	3月31日	赵三灯	钱雁超	
2	生产二部洗石机、漏网的改进	4月5日前	孙勋龙	钱雁超	
3	1~3月份没有生产出的产能为40万米，制定怎样补回来的方案	4月5日	李明鼎 孙勋龙	周小龙	
4	裙板的厚度不能低于1.2 mm。技术品质部要制订出一个方案	4月5日	吴春兰 王三灯	郑雁超	
5	对生产现场的余浆使用情况做稽核	4月5日	陈永刚 刘如泽	周小龙 高青龙	
6	生产一部增加高压釜的方案	4月5日	李明鼎 林勇	周小龙	

处罚通告

1. 徐勋龙经理开会期间手机响，处罚10元；
2. 赵明鼎经理开会迟到，处罚10元

主持人确认		日期	2021-3-31

6.5.3　针对例行会议解决不了的问题，专门召开专题会议解决

例行会议是固定人员、固定时间、固定地方、固定议程的会议。一般来讲，这种会议往往是每隔一定周期召开的"业绩""个人成长""团队成长"和"价值观"的检视会议。

例行会议可以解决一定的问题，但也有它的局限性。有的问题需要通过专题会议去解决。

专题会议是针对专门问题而召开的会议。一般是针对一个特定问题或紧要问题而召开的会议。如：临时发生的客户投诉、公司内部发生的紧要异常、例行会议不能一下子解决的问题等。

专题会议召开，没有固定的格式。只要是为了高质、高效地解决问题，采取什么方式都可以。

专题会议的形式很多，如讨论会（这里主要指生产方面和品质方面的专题会议）、茶话会、恳谈会、动员会、誓师大会、游学会议等。

专题会议具体怎么开，下文示范五个品质专题会议、生产专题会议和销售专题会议的会议制度和会议记录范例模板。

范例一：

品质专题会议管理制度

1. 目的

确保品质专题会议正常举行，并能取得预期效果，特制定本制度。

2. 适用范围

本制度适用于广东××有限公司品管部专题会议前准备、会议中及会后追踪确认及考核。

3. 职责

3.1 以下四种情况均须由品质部经理主持召开品质专题会议。

3.1.1 对于发生三批（含三批）或三次（含三次）以上的同类来料品质异常，严重降低生产效率或严重增加内部品质成本，经确认属实的；

3.1.2 对于发生三批（含三批）或三次（含三次）以上的同类制

程（包括冲压车间和喷涂车间）品质异常或同类产品（包括半成品）品质异常，严重降低生产效率或严重增加内部品质失败成本，经确认属实的；

3.1.3 重大客诉经确认属实有必要时（如玻璃自爆率极高，影响外部品质成本极大的；或多次遭到客户投诉，客户极为不满，严重损害公司形象及信誉的）；

3.1.4 其他认为有必要召开的情况。

3.2 品管部客诉专员负责统计每月客户投诉次数、投诉原因等做成统计图表说明客户投诉的主要问题点，以及问题点的解决、跟踪改善情况，并将信息发给品管部文员。

3.3 品管部文员负责汇总所有信息，制作完成 PPT，经品管部经理审核通过后于每周二 12：00 前将品质会议资料以邮件的形式发给参会人员。

4. 会议管理要求

4.1 品质专题会议时间为：如有 3.1 所述品质异常时，可随时召开，召开前三小时通知参会人员，并提供相关资料。由品管部负责布置会议现场，准备会议所需的资源（包括会议室、投影仪、电脑等），确保会议按时召开。

4.2 品质专题会由品管部经理主持（若由于特殊原因无法主持时可由其授权人代理主持）。会议开始后由主持人对品质异常问题进行详细说明，包括以下 3 点。

4.2.1 此异常问题点品管部已书面发出通知要求责任部门进行改善，且责任部门有进行改善的，由品管部对责任部门改善后的问题点进行验证，并提出验证结果。

4.2.2 此异常问题点品管部已书面发出通知要求责任部门进行改善，但责任部门未进行改善的，由品管部继续提出此异常问题点强制要求责任部门进行改善，并明确完成时间。

4.2.3 此异常问题点品管部未要求责任部门进行改善的，由品管部提出问题点及初步分析结果，由责任部门协助品管部对问题点进行改善，并明确完成时间。

4.3 在会议中就具体事项有分歧，若无法达成一致时，由总经理确定改善责任人及完成时间。

4.4 品质专题会参会人员包括总经理、稽核主任、总装部经理、总装车间主管、冲压部经理、喷涂部经理、采购部经理、PMC部经理、工程部经理、仓库主管、品管部主管级以上人员。若临时需增加会议人员时，由品管部发会议通知。

4.5 部门经理如有特殊情况无法参加会议的，可安排其代理人参加会议，但必须提前半小时通知会议主持人。

5. 品质专题会议管理规定

5.1 会议纪律的相关规定按会议管理办法执行；

5.2 品管部主管未按时提交相关报告的，处罚品管部主管20元/次，品管部经理10元/次；

5.3 总装部PQC主管未按时提交相关报告的，处罚总装部PQC主管20元/次，总装部经理10元/次；

5.4 品管部文员未按时准备好会议现场和及时发放会议资料的，处罚品管部经理20元/次，品管部文员10元/次；

5.5 会议期间责任部门经理/主管不能拿出改善对策或不知问题所在的，给予处罚20元/次。

6. 引用表单

按会议管理办法表单执行。

范例二：

×× 有限公司	文件编号	SH-PZ-ZD-005
品质专题会议制度 （正式运行）	文件版本	A/1
	生效日期	2021/4/15
	页　码	

1. 目的：规范品质专题会议，确保品质提升。

2. 适用范围：所有品质专题会议。

3. 作业规范

3.1 以下四种情况均须由技术品质部经理主持召开品质专题会议：

3.1.1 对于发生三批（含三批）或三次（含三次）以上的同类来料品质异常，严重降低生产效率或严重增加内部品质失败成本，经确认属实的；

3.1.2 对于发生三批（含三批）或三次（含三次）以上同类制程（含半成品）品质异常或同类成品品质异常，严重降低生产效率或严重增加内部品质失败成本，经确认属实的；

3.1.3 重大客诉经确认属实有必要时（如烂桩率极高，影响外部品质失败成本极大的；或多次遭到客户投诉，客户极为不满，严重损害公司形象及信誉的）；

3.1.4 其他认为有必要召开的情况。

3.2 主持人发出会议通知单通知与会人员（含供应商）、时间、地点及会议主题等，并在"备注"栏上注明列席人为（副）总经理,（副）总经理要予以高度重视，必须列席，必要时也可由（副）总经理主持。

3.3 会议议程：

3.3.1 异常现象或问题点说明（需详细描述不良现象，必要时须附带不良样品）。

3.3.2 要求责任部门提出原因分析及改善对策，确定对策实施责任人及完成时间。

3.4 记录人须做好会议记录，作成会议记录表，并将本次形成的决议作成品质改善追踪表，由主持人审核、（副）总经理批准后复印分发给各与会责任部门经理签收，同时各抄送一份给副总经理和总经理。

4. 会议纪律：按照会议管理制度会议纪律执行。

5. 管理办法：按照会议管理制度管理办法执行。

范例三：

公司专题会议纪要

表格编号：XZGL20120815

会议名称	公司软件、自动化生产线专题会议								主持人	赵一	记录	钱二
会议时间	2021-08-15 AM 10：00~12：10								地点	公司会议室		
应出席人员	郑立新	郑景新	陈素芳	邱柏林	孙拥军	蔡杰	林锦城	曾鹏 潘柳池	陈俊	余华林 计料组全体	软件公司代表	自动线代表
考勤	√	√	√	√	√	√	√	√ √	√	√ √	√	√

序号	会议内容与决议事项摘要	责任人	计划完成日	延迟天数	完成确认
1	郑总提出：公司软件与自动化生产流水线是公司重点推进的工作事项，前期工作已基本完成，现已进入实操与将要推广的阶段，但在实操工作中仍然存在诸多的问题，已严重影响公司软件下一步的推广工作及自动化的进程，各相关职能部门与工作人员必须按公司的部署计划推进如下工作				
2	①软件务必于9月1号上市并向全国各经销商推广，邱总务必按公司的规划与计划来推进此项工作。与软件公司（两天一循环）协调解决在实操过程中的实际问题；从而使软件的运用与实操程度在8月底达到90%，务必保证在9月1号能成熟培训与推广	邱柏林	常态重点事项		
	②各相关部门通边配合与沟通配合软件公司完成有关计料出错、报价不准确的事项，务必于8月25号前完成，才能跟上公司软件的推广计划	邱柏林 软件公司	重点事项		
	③设计部提供新款产品的图片给软件公司小蔡，以此来改善软件上产品的渲染效果图	曾鹏 软件公司	8月18号前		

序号	会议内容与决议事项摘要	责任人	计划完成日	延迟天数	完成确认
	④设计部提供软件光碟的界面、封面的设计图案给软件公司，并跟进制作等后续有关工作事项	曾鹏软件公司	8月31号前		
	⑤产品研发部于本月底完成软件工艺规范化操作标准化文件	曾鹏	8月31号前		
	⑥18号由邱柏林协调软件公司同公司产品研发部（李展宇）、企划部（蔡杰）、设计部（曾鹏）、计料组（陈俊）对软件的测试与评估，并将评估报告报董事会成员审查	邱柏林	8月18号		
	⑦9月1号上午十点半参加本次会议的相关人员就软件实操问题点及本次会议所反馈的问题点的解决召开沟通协调会	邱柏林软件公司	9月1号		
2	⑧为配合软件的推广、磨合与检测软件的功能，营销部应要求马会店、广州市的经销商尽可能用公司软件下单，并将在操作过程中的遇到的问题点及建议以书面形式反馈到邱总处，由邱总同软件公司沟通并立即处理	蔡杰邱柏林软件公司	常态事项		
	⑨营销部9月5号组织经销商店长级技能、公司软件实操、中秋/国庆促销活动方案的三联合培训（具体时间在8月18号再定），并就软件后续的推广与培训方案及如何引导各经销商运用此软件，报具体方案与推进计划表给公司审批	蔡杰	8月31号前		
	⑩生产部、开料组在综合平衡生产交期的同时，做好生产调度，尽最大可能将订单进行优化后再由电子开料锯生产，以此来磨合与检验自动化生产线电子开料锯的功能与对板材的优化效果	余华林邱柏林软件代表	常态事项		
3	郑总特别强调：①公司各部门负责人、各软件操作者应将软件运用推广、自动化生产线工作作为重点来推进；②各相关人员与软件供应商要抓紧时间、高效率的处理与解决好软件操作过程中的问题，确保公司软件在9月1号能成熟的推广				

续表

序号	会议内容与决议事项摘要	责任人	计划完成日	延迟天数	完成确认

说明：

1. 考勤状况符号说明 "△" 为请假、"○" 为外出、"×" 为缺席、"√" 按时出席；

2. 此会议记录于 2021 年 8 月 15 日开始生效；

3. 会议记录经整理后，以书面形式下发给相关部门予以跟进处理；

4. 凡涉及相关责任部门的必须以书面形式的方案或管理规定提交总经办或以内部联络单回复；

5. 以上项目未完成的各部门负责人或责任者乐捐 50 元 / 项

核准人		记录人	

存档期限：（正常为 2 年）

范例四：

有关生产中心返工补料整改的专题会议纪要

时　间：2021 年 08 月 21 日　　　　　地点：行政二楼小会议室

上午 9：30~11：40

主　持：郑　董　　　　　　　　　　　记录：孙拥军

参加人员：陈　董、邱柏林、张范宜、孙立晶

会议内容：

1. 郑董强调：近期（特别是 8 月以来）生产中出现的返工补料的特别多，为此特召集相关部门负责人进行专题讨论；如何就返工补料进行必有成效的纠正并加以整改；

2. 计料组要将能优化的生产订单尽最大可能进行优化，每天优化 200 m^2 交生产部开料；

3. 生产部各工段必须按工序流程跟踪卡来进行生产物料的交接工作，防止生产物料的漏、少问题的发生。生产部必须在生产物料上贴上标签；

4. 生产中心针对此类问题（返工补料）在本月 25 号前对相关生产工序的工艺操作流程（或作业指导书）进行梳理与整改。并要求各

工序严格按工艺操作流程（或作业指导书）进行操作与生产；

5. 质检部针对此类问题（返工补料）应加大预防与抽查的监督质管力度，加大生产流程过程中的巡检频率与力度。从而降低或减少错、少件问题的发生；

6. 凡属因原材料（板材）质量问题而发生的质量问题，经质检部判定后可以免于对操作员的扣罚；

7. 为激励全员参与品质控制的意识及加强员工的责任心，质检部与生产中心、生产部沟通协调好，从 9 月 1 号起执行生产车间质量管理考核与奖励办法；

8. 凡原材料（特别是板材）出现质量问题，质检部必须第一时间（在 3~4 小时之内）以内部联络单知会采购部，以便跟进相关工作事项。

发送至参会人员和相关人员：郑总。

2021 年 8 月 21 日

范例五：

公司专题会议纪要

表格编号：XZGL20210301

会议名称	公司经销商大会、展会专题会议						主持人	郑总	记录	孙拥军
会议时间	2022-03-02AM 11：30~12：30						地点	公司会议室		
应出席人员	郑立新	郑景新	陈素芳	邱柏林	孙拥军	李展宇	翁长华	欧阳迎		
考勤	√	√	√	√	√	√	√	√		

序号	会议内容与决议事项摘要	责任人	计划完成日	延迟天数	完成确认
1	郑总提出：3 月各系统／各部门应将经销商大会、产品展销会作为重点工作来推进如下工作：3 月 10、19 号分别召开二会的筹备进度督导工作（本次二会的目的：强化品牌、增强信心、扩大招商）				

续表

序号	会议内容与决议事项摘要	责任人	计划完成日	延迟天数	完成确认
2	（1）营销中心借助二会的平台，加大对品牌的宣传推广，通过各种有效方式进一步提高品牌的知名度	翁长华	重点事项		
	（2）经销商大会、展销会的活动策划由翁长华负责；设计、装修方案由李展宇负责；二会的具体工作由欧阳迎跟进	翁长华李展宇欧阳迎	3月份		
	（3）经销商大会所有的文字资料（含经销商的发言、公司的发言、大会司仪的稿件、2013年公司的营销政策、新产品相关文件），务必于15号完成	翁长华欧阳迎	3月15号		
	（4）马会的上样产品单设计部在3月1号下单给生产部按单生产，3月6号完成	李展宇邱柏林	3月1号3月6号		
	（5）5号前设计部下展会的生产清单给生产部（另5号前生产部检查上期展销会的样板情况，结合设计部所下的生产清单再决定展会样板的生产清单）	李展宇邱柏林	3月5号		
	（6）设计部将去年参展的样品原稿图纸重新给仓库一份，由仓库按图找出所有的产品，设计部在3月15号再下展会的样品单给生产部按单生产	李展宇邱柏林	3月15号		
	（7）采购部15号完成采购二会所需采购的物料（含奖牌、奖品）	欧阳迎陈素芳	3月15号		
	（8）二会的吃、住、行由行政部负责协调与安排，务必妥善解决	孙拥军	3月15号		
	（9）15号前行政部对工厂的环境卫生、厂容、厂纪工作、标语进行一次大检查并要求各部门在18前整改好，确保二会期间（20~28号）以良好的面貌迎接新、老经销商朋友	孙拥军	3月15号3月18号		
	（10）5号前生产中心要确保第一条自动化生产流水线在二会期间正常运作；10号前确保第二条自动化生产线自动锯到位并能正常操作	邱柏林	3月5号前3月10号前		
	（11）为配合二会生产基地19号发放工资，20号放假一天，21号正常上班	财务部邱柏林	重点事项		
	（12）15号前启用经销商管理平台	李展宇潘柳池	3月15号前		

续表

序号	会议内容与决议事项摘要	责任人	计划完成日	延迟天数	完成确认
3	郑总特别强调：各部门负责人与相关职能人员要切实有效抓紧时间、高效率地处理与解决二会筹备过程中的相关事项，确保二会的顺利进行				

说明：

　1. 考勤状况符号说明"△"为请假、"○"为外出、"×"为缺席、"√"按时出席；

　2. 此会议记录于 2013 年 03 月 02 日开始生效；

　3. 会议记录经整理后，以书面形式下发给相关部门予以跟进处理；

　4. 凡涉及相关责任部门的必须以书面形式方案或管理规定提交总经办或以内部联络单回复；

　5. 以上项目未完成的各部门负责人或责任者乐捐 50 元 / 项

核准人		记录人	孙拥军

存档期限：（正常为 2 年）

　　现在大多制造企业常见的问题是：小问题缺乏关注，没人重视小问题的发现、分析和化解，结果新问题变成老问题、小问题变成大问题、简单的问题变成了复杂的问题，这就产生了老、大、难问题。等到老大难问题产生后，我们就要做专案去解决，才可能解决好。有的老大难问题，很难解决。有的老大难问题虽然解决好了，但企业还要给那些责任者发奖金。

　　公司应该有这样的文化：谁把新问题、小问题和简单问题变成老大难问题，就惩罚谁。而不应该等他们把老大难问题解决后，还要给他们发奖金。管理重在激励和改善。我们应该激励和改善新问题、小问题和简单问题的做法，公司一旦出现了老大难问题，就要追究全部相应的责任人。从上到下，一个都不要放过，包括老板在内。老板要带头去解决问题。这样才会形成解决新问题、小问题和简单问题的良好风气。这种风气一旦形成，就会逐渐形成良性循环。

　　万一由于客观原因产生了老大难问题或长期以来存在的问题，需要采用专案的方式去解决。比如，采取品管圈的综合改善方法或系统攻关的方式去解决。

6.6 流程制度的确定

因为流程和制度的关系很紧密,是密不可分的。所以,没有制度的保障,流程是很难被执行好的。比如,没有具备激励性的合理薪酬制度、考核机制,流程再怎么呼唤被执行,也是很难被执行好的。这是流程被执行的先决条件。

本书所说的流程制度,是一种大多数制造企业的习惯说法。其实就是流程里有制度来配合才可以被执行好的程序规则。简单地说,就是光靠流程规定,很难落地,要靠相应的制约条款配套才好落地。这是流程被执行的必要手段。

做管理,一定要有这样一个观念:任何事情,你要考虑变数,只有提前完成,才可以准时完成。只有前面的节点准时完成,才不会影响后面的节点的按时完成。流程推行的每一个步骤,缺一不可,否则,都会影响流程被执行的力度。每个人要有这样的意识和责任。

管理办法和制度有点类似,但没有制度那么严肃,也是制约或激励人员动力的一种手段。管理办法不一定有处罚条款;即使有处罚条款,它更多的制度的前身或试运行的制度;但制度会有奖有罚,比较正式。

激励机制的运行步骤,和流程的运行步骤一样。

6.6.1 起草阶段

流程起草,是流程推行的第一步。主要做法,是由流程主管(流程的负责人)主导自己部门的相关人员和相关部门的相关人员一起拟制文件草稿。这里所说的相关人员,是指流程所涉及的每个岗位的人员。

有的公司制定的制度或规定,它其实也是一个流程的制约程度。控制卡,是针对流程关键节点及其对应的约束条款的一个结合管理工具。

流程是为实现岗位职责服务的。因为流程的落实程度直接影响岗位职责落地的状况。具体步骤如下。

由流程主管召集流程涉及的岗位人员开一个简短的起草会议。起草会议前，流程主管发个通知给相关人员，让相关人员准备好流程里各自的岗位工作内容及步骤，以便起草会议高效完成。起草会议流程：由流程里低的岗位人员到高的岗位人员——撰写出自己在流程里具体的工作内容。会议结束后，由流程主管汇总所有参会岗位人员所提交的岗位具体工作内容，按照流程的格式（可以参考 ISO9000 的思路）拟制定出一个不同岗位的操作步骤即流程草稿。

6.6.2　研讨阶段

流程的草稿起草出来后，对于不对或合理的职责或条款，由流程主管找相关人员沟通。沟通最好的方式是采取和他商量的方式来沟通，这样容易达成共识。否则，很难达成共识，即便达成共识，对方也会应付了事。与关键人员沟通达成共识后，剩下的步骤就是召开研讨会。

流程主管安排文员或部门有关人员发出研讨通知，确保每个相关人员收到信息。然后召开研讨会。研讨会的主要作用是给流程相关人员做培训，因此其实它是一个培训会。如果会上确实有人提出更合理的意见或建议，流程主管或领导（一般是副总或总经理以上职务）针对不太合理的地方，可以指令文员或部门相关人员直接在会上做修改。不要会后去改，要在会上马上跟相关人员做确认。

修改完成、培训结束后，准备进入下一个阶段——签字、定稿。

6.6.3　定稿阶段

将确认过的流程由流程主管安排文员或部门相关人员将它拿给相关人员签完字再给领导批准。

等领导签字后，流程即为定稿。

不管是管理人员审核签字，还是领导审批签字，一定要对自己签过字的文件负责。否则，就不要签字。现实工作中，很多人签字很快，很多时候连看都不看，就签字了。这是非常不负责任的做法。

流程主管部门将最终确定的电子档交给文件管控中心。

本书附录提供了一些制造企业定稿的封面、制度、办法、控制卡和流程，供大家参考。

6.7 流程制度的发行、培训、考试和试运行

不要忽视流程的发行、培训、考试和试运行环节，目的是做好节点控制，将流程执行到位。

6.7.1 流程制度的审批、签字、发行

流程主管或文件管控中心安排文员或部门相关人员将原稿复印好若干份（根据流程涉及的部门数量来和公告栏张贴的数目来确定总复印数），再把原稿和复印件的封面和每一页都盖上"文件受控章"，以示受控。接着，把原稿留存在"文件管控中心"（文件管控中心，有的公司是由专职的部门来管控，如企管部；有的公司是由兼职的部门做，如人事行政部或品管部等部门），复印件分发给相关部门（包括流程主管部门本身），每个部门一份。剩下的公告栏需要张贴的复印件文件，由人事行政部或文件管控中心安排人员将它们张贴在各个公告栏，以便全体员工学习和执行。

收到文件的部门，务必要在文件"签收处"写上"签收"字样。"签收"这个环节非常重要，很多制造企业的管理人员不重视，经常会出现一个说发了，一个说没有收到的状况。发放文件的部门有责任，接受文件的部门也有责任。

养成签收文件的习惯，这是体现职业化素养非常重要的一个细节。不要等到别人要求时你再签收，要自己主动签收。

流程制度属于文件，流程的审批、签字和发行，就是属于文件的审批、签字、发行。因而要先审核、审批才签字，这个顺序不能颠倒。发行，就是文件的颁布、准备实施了。

6.7.2 流程制度的培训、考试

流程定稿、发布之后，紧接着就是培训。研讨时，虽然做了粗略的培训，但不是正式的培训。培训一定要讲清楚：为什么要有这么多流程环节或节点，为什么每个环节或节点要这样做、具体怎么做，非常重要。不讲清楚做每个环节的目的，就不会引起流程相关人员的重视；不讲清楚具体怎么做，就不具备操作性，不会操作，就不会做。

培训后一定要做培训效果评估，不然，你不知道他到底掌握了多少。培训效果最好的方式，就是流程考试。客观题，占 80 分；主观题，占 20 分。出卷人，一般是与流程无关的专职人员、主管部门管理人员或领导（有的公司请咨询公司辅导，此时为顾问更为妥当）来担任。监考时，也是由出卷人负责。

考试达到 80 分才算及格。不及格的，可以补考一次。再次补考，补考人主动乐捐。乐捐多少，制定《考试管理制度》加以约束。乐捐不是目的，目的是促进补考人赶紧掌握。

如果 80% 以上的人都考不及格，此时，培训人可能需要做反思。

6.7.3 流程制度的试运行

流程的定稿和试运行之间务必留下一定的时间用于培训、考试，一般为 1 个月时间。时间具体定多久，可根据流程内容的多少、难易程度来确定。

培训、考试完成后，就开始试运行。为什么要试运行？只有试运行，才会在实践中发现不合适的情况，以便后续做合理调整。试运行时间一般为 3 个月。试运行期间，流程主管部门和监管部门要主导检查流程试运行

的不合理情况，发现任何不合理的情况，或者听到了、看到了有关流程试运行不合理的地方，流程主管部门和监管部门要主导定个时间重新研讨，提出流程合理化的意见或建议，相关人员都要参与。达成共识后，修改、定稿，正式运行。必要时，正式运行前，要再次培训、考试，以检验流程相关人员的掌握情况。

对于流程里的合理的职责，责任人没有执行的，主管人员一定要追究责任，不能放过任何一个细节。管理，重在细节，细节决定成败。

6.8　项目管理实施过程中的优化

流程的实施，不可能一劳永逸，肯定会随着时空的变化而变化，所以，流程的优化是持续的。

6.8.1　实施过程中出现了问题怎么办

实施过程中一般会出现三种情况：内容增加、减少、修改。

制造业实施流程中常见的情况有两种：一种是合理的职责，相关人员没有执行；另一种是不合理的职责，不提出来加以修改，却按照合理的去执行了。关于增加流程内容或职责内容的情况提报，是很少的。因为没人愿意给自己增加任务。但是一般不提倡增加流程内容。流程的设计，以高效为原则。不管是流程的删除、简化，还是整合、顺序调整等，一切以提高效率为准则。

正式运行一般为半年或一年，具体情况，要看每个制造企业流程本身的合理度情况。原则上，只要流程出现不合时宜的情况，就要调整到合理的程度。

6.8.2　优化流程制度和激励机制

优化本身就是：该修正，就要修正。前文所说的"修改"一词，严格地讲，还不是很严谨、准确。

流程运行中，合理的部分，执行人员必须执行；没有执行的，要找出原因，并按照流程约定的制度条款加以处理。

关于不合理的流程，如何修改步骤，具体怎么做，参照上文执行。

6.8.3　流程制度和激励机制的有效固化

如果一个流程运行快一年了，基本上没有什么不合理的部分，并且产生了一定业绩，就要将其固化下来，让它持续地为企业服务。

但无论如何固化，当制造企业的市场发生了根本性的变化，组织结构发生了变化，流程也要做出相应的合理调整。

6.8.4　持续性改善和阶段性调整的实施

流程的运行也要遵循管理循环：P（Plan，计划）、D（Do，实施）、C（Check，检查）、A（Action，采取行动）。流程的P，是指流程运行之前的起草、研讨、修改、定稿、培训、考试等环节，D是流程的运行，C是对流程的检查，A是采取行动，即流程的修正和改善。

管理，是无止境地改善。流程的优化，也要无休止地修正。

6.9　激励改善

激励与改善是管理的孪生姊妹。管理永远离不开激励和改善。激励的目的是改善；改善的目的是获得好的激励。它们是相辅相成、相互促进的。

6.9.1　与事前约定的激励内容直接关系到项目的结果

领导安排一件事情给下属，最好是提前跟下属约定好激励的内容。激励是激发和鼓励。有正向的激励和负向的激励。重要的事情，一定要事先约定好或承诺好激励条款。否则，到时会很容易泡汤。

比如，你作为副总，安排人事行政部主管/经理一周以内起草一份会议管理制度。如果一个星期没有起草完毕，人事行政部经理 / 主管乐捐20 元 / 份。乐捐多少，提前由人事行政部经理 / 主管自己向副总约定好或承诺好。这是负向的激励。

正向的激励如下：

一个季度内，各个部门负责人按时提交每周工作总结的，提交率排名前三的，分别给予当事人积分 100 分、80 分和 50 分。

项目管理结果的好与差，都与这些具体的工作的执行力有着直接的关系。每个环节、每项工作都做好了，项目管理的结果自然就好。

6.9.2　项目实施中的激励与改善如何同步进行

激励的目的是给人增加动力。改善，不光是要有改善的认知、意愿，还要有改善的能力、方法，才可以有改善的绩效。改善的意愿，其实就是动力问题。从某种意义上讲，激励是改善的一个手段。

激励，是为改善服务的。改善后的表现，即为成果。比如，从没有业绩到有了业绩，或者是从业绩不好到业绩优秀。这些都是改善的效果。

相反地，改善之后的效果，对员工自己也是一个正面激励。建议企业的员工，不要过分讲求权利、义务，不要做什么事情，都要激励了才去做。这样，对自己的成长不利。

6.9.3　重新制定下一个目标和计划，是为了持续改善

一个项目的目标完成了，并不意味着后期就不用制订下一个目标和计划了。后期目标和计划内容的确定，是根据当时客户的需求或市场的诉求，加上前期没完成的目标或前期存在的问题而共同决定的。

目标分为长期目标、中期目标和短期目标。短期目标是为中期目标服务的，中期目标是为长期目标服务的。不同的阶段，目标和计划是不同的。计划是根据目标分解的具体行动或措施。

分目标是为总目标服务的。阶段性目标是为最终目标服务的。

不管定什么目标，都要让员工满意和客户满意，应该从合理的员工满

意和客户满意的角度去制定相应的目标。这里所说的目标，不仅仅是指客户验货合格率多少、订单准交率多少等这些能量化的目标，还包括不能量化、能定性的东西，也不能忽视。企业把员工（包含管理人员）服务好了，员工把客户服务好了，客户就会付钱给公司，这样就能形成良性循环。如果老板对员工不好，员工就会对客户不好，客户就会对公司不好。显然，这是一个恶性循环。制造企业要想形成良性循环，还是恶性循环，全在自己的选择。

第7章 项目实施后的工作

项目虽然结束了，但制造企业的管理改善永远不能停息。制造企业的不同阶段，有着相应合理的需求，需要做不同的合理调整。

7.1 项目总结，请给项目打个分

项目做完后，一般分为优秀的项目、良好的项目、合格的项目和不合格的项目四个等级来评估。优秀的项目，即超过客户预期的，客户会续单或转介绍；良好的项目，即业绩改善蛮大的，客户会颁发荣誉证书给项目经理；合格的项目，即业绩有一些改善，但改善不大，客户勉强接受；不合格的项目，业绩改善很小或几乎没什么改善，甚至倒退了。这种项目，轻则终止或免费补偿，重则不付钱或打官司。

还可以把项目的等级划分得更为细致。成效明显的项目管理，企业应该给予项目管理相关人员一定的荣誉，激励先进。

业绩改善的大小，目前，一般的制造企业是用数据来体现的。我们不仅要重视数据的业绩，也要重视非数据的业绩；不仅要重视有形的管理，也要重视无形的管理；既要重视员工的工作，也要重视员工的生活；既要求员工，也要关心员工。管理永远要求平衡。

项目成效优良与否，与项目总负责人（中小制造企业一般是老板）的支持和项目经理的领导、项目专员和企业管理人员的配合分不开的。项目总负责人的支持越大，项目经理的领导、项目专员和项目配合人员的配合越好，项目就越能成功。反之，项目效果就越差。

项目做完了，最好请企业老板做一个评价，便于后续工作的改善。项目的评价工具，详见下面的表7-1。

表7-1 项目管理评价单

评价月份：

一、服务制造业基本信息：					
企业名称		辅导日期			
企业负责人		电话		QQ/微信	
所属行业		主营业务		年营业额	
公司地址		员工总数		成立日期	

二、项目辅导成果：

三、辅导成效评价：

评价人： 评价日期：

7.2　结案交代，给项目画上圆满的句号

项目做完后，还要做以下三件事。

第一件，项目经理要主导将上至老板、下至员工的职责内容补充到位。该哪个岗位做的，项目经理要开一个职责沟通会。让每个岗位明确自己新增的岗位职责。制造企业之所以有那么多的问题，是因为制造企业的很多岗位没有尽到应尽的责任。所以，有的公司成立了管理学院来系统培训岗位员工的素质、能力。这正是因为意识到自身的不足。

第二件，项目不管做得好不好，一定要做个总结。这是非常重要的事。很多制造企业老板和职业经理，没有做总结的习惯。这是非常不好的。企业老板不做总结，自己就得不到提高；职业经理不做总结，自己就得不到成长。项目总结会，一般由项目经理策划、组织召开，总结好的和不足的。好的做法，就维持，可以扩大宣传；不足的做法，加以检讨，然后做出改善计划加以改善、预防。成功的项目管理，也可以开个总结表彰会扩大影响，鼓舞士气。

第三件，由项目经理安排有关人员将实施项目以来的管理文件汇总成电子文档，并把汇总后的电子文档交给人事行政部负责人（或人力资源管理部负责人）或专职部门负责人"签收"成果，并由人事行政部负责人（或人力资源管理部负责人）或专职部门负责人安排有关人员联络外面有关公司装订、打印成册，作为公司重要档案予以保存，作为今后全体员工学习和反省的一本教材。

项目管理的成果，主要是项目管理期间项目组主导给制造企业制定的一套行之有效的文件。"签收"工具，详见下面的项目管理成果签收表，见表7-2。

表7-2　项目管理成果签收表

序号	文件名称	移交日期	移交人	接收人	备注

后续建议：

公司代表：
日　　期：

7.3　项目维护，永不结束的修行

项目维护需要做好以下三件事。

第一，项目管理所对应的电子档文件或资料和纸质档文件或资料需要专人管理，比如由文控中心或人事行政管理部门（或 HR 部门）。

第二，编写好项目管理维护的工作指引，项目管理期间对应的岗位人员需要按照项目经理、项目专员的要求去做好建设性的工作和改善性的工作，必须做好承接项目经理、项目专员所对应的辅导内容。

关于项目工作维护方法的细则，范例如下。

×× 项目工作维护方法

一、六大岗位职责履行情况

1. 如采购员岗位职责说明书、材料仓管员岗位职责说明书、车间主任岗位职责说明书、班组长岗位职责说明书、员工通用岗位职责说明书的执行情况，由人事行政专员平时检查，统计落实率，每周在每周管理周例会上汇报落实情况；

2. 人事行政专员岗位职责说明书，由总经理助理平时检查，统计落实率，每周在每周管理周例会上汇报落实情况。

二、一个工序质量检验标准执行情况

由质检高霞检查执行情况，每周在每周管理周例会上汇报各工序一周以来的质量检验标准执行情况。

三、六大会议执行情况

1. 班组长每日早会，由车间主任在每周管理周例会上汇报一周以来的班组早会召开情况；

2. 每日生产协调会，由总经理助理在每周管理周例会上汇报一周以来的生产协调会召开情况；

3. 班组周例会，由车间主任在每周管理周例会上汇报一周以来的班组周例会召开情况；

4. 质量周例会，由 PMC 主管在每周管理周例会上汇报一周以来的质量周例会召开情况；

5. 车间周一早会，由 PMC 主管在每周管理周例会上汇报车间周一早会召开情况；

6. 管理周例会，由董事长或总经理对每个部门负责人汇报的上周业绩、不足和本周计划进行点评。

四、两大报表填报情况

1. 生产日报表，由车间主任在每周管理周例会上汇报填报情况，包括数据的真实性、正确性、及时性、完整性，不能有涂改。PMC 主管确认属实，才算数；

2. 质量巡检报表，由 PMC 主管在每周管理周例会上汇报填报情况，包括数据的真实性、正确性、及时性、完整性，不能有涂改。总经理助理确认属实，才有效。

×××

2021-07-27

第三，后续若有任何疑问或不懂的地方，可以主动咨询项目管理人员（包括项目经理和项目专员）。

下　篇

项目管理实操
——以制造业项目管理为例

第 8 章　接到项目后的思考

在接项目前，制造企业要先与咨询公司做沟通，双方的价值观达成一致，就可以进行下一步工作。

一家咨询公司或者一个顾问，接到项目后，要考虑咨询公司或者顾问是否有能力去做。不会做的项目，千万不要去做。一个顾问，如果只会做事，不会沟通，也是很难做好项目的。

驻企顾问有本事接管项目，就意味着你不光有能力，更擅长与人沟通。有本事的顾问，不光很专业，还要让人欢迎你。顾问接到项目后，就要思考、规划项目进驻前的一系列工作。规划不一定要书面化，但心里一定要有规划。没有准备的项目，就是准备项目失败。

8.1　了解项目的背景

项目的背景，其实是项目的历史情况和现实情况。

历史情况，就是要了解项目过去的成功与失败。了解过去成功和失败的目的是：成功的做法，要保持或合理调整；失败的原因，要找出来，以便后续改善。

现实情况，就是要了解现在制造企业面临的问题。制造企业请顾问来到底要解决什么问题，这个要首先弄清楚。很多制造企业请顾问来是为了提高业绩的，关注企业的基础较少。作为顾问，要从专业的角度去引导制造企业走向正规。

8.2　预判项目的难度

制造企业的管理，无非是人的管理和事的管理，但项目的难度，要从人的角度来看，而不是从事的角度来看。

人是制造业的根本。制造企业的"企"字有个人字头，企业永远离不开人。制造企业的核心竞争力是让员工满意和客户满意。

如果一个制造企业的员工、客户满意度低，那么，就意味着制造企业的老板出了问题。

项目的难度，其实就要看老板的变革观念和决心。如果老板的观念和顾问或老师的观念不一致，改革就很难成功。即便观念对了，如果决心不够，也不可行。所以，做项目前，不仅老板和顾问的观念要一致，而且老板变革的决心要坚定，这是接项目的先决条件。

企业老板请顾问老师前，应先跟顾问老师做充分地沟通，达成基本的共识。这是核心。

老板对顾问老师认可后，顾问老师也要认可老板，顾问老师才可以接这个项目来做。否则，项目的实施难度可能会很大，甚至容易失败。

因此，接项目前的工作一定要做足，原则是：先交朋友，再谈生意。生意不成，友情还在；否则，项目管理的风险很大。一定要对企业和自身负责。要么，就不做；要做，就把它做好。

8.3　听听管理者对项目的预期

顾问老师在谈项目时，就要了解清楚老板和管理人员的需求、目标。但是他们的需求、目标不一定合理，也不一定是企业真正的需求、目标。因此，顾问要从专业的角度引导老板达成共识的需求和目标。

没有共识，以后做项目，就很难有统一的计划和行动，对项目的顺利推动阻碍就会很大。

第9章 项目实施前工作

项目实施前的工作做好了，项目实施中的工作就成功了一半。

9.1 项目组成员的配置

首先，根据项目的目标或需求来配置项目经理、项目专员。项目经理和项目专员的专业要互补、能力要互补；咨询总监或咨询总经理面试项目经理、项目专员合格了，再进入下一个环节。

其次，要定向。具体来讲就是做一个沙盘演练来模拟项目做法，看项目老师们能否合作好和有能力做好；如果有能力做好且能合作好，可以一起进驻项目合作；否则，不要一起合作。一直到选择合适了为止。

经过面试和演练后，咨询总监或咨询总经理认为项目经理和项目专员可以进驻项目了，咨询总监或咨询总经理会向项目经理、项目专员说一下咨询公司的企业文化、制度和要求。

咨询公司的制度和要求很多，项目经理要提前声明三点：

1. 专员的专业，由专员做主；

2. 遇到问题，一定要向项目经理反映；

3. 如果不反映，出了问题，项目经理、项目专员都不好向客户和公司交代。

项目专员每天向项目经理汇报工作，项目专员解决不了的问题，该项目经理解决的，项目经理要为项目专员解决；不该项目经理解决但项目经理替你解决了，项目专员则要不断提升自己的素质和能力。

项目经理根据咨询公司的需要适时汇报，项目组解决不了的问题，咨询公司领导要出面解决（包括项目总监、咨询总经理等职务）。

接着，咨询总监或咨询总经理会和项目经理、项目专员谈好待遇等事情。项目经理、项目专员同意后，咨询总监或咨询总经理最后需有言在先：不配合项目经理的项目专员，咨询公司会予以更换。目的是做好项目管理。

9.2　对项目组员进行分类培训

和所有的管理人员、员工入职要求一样，不管是老的项目组员，还是新的项目组员，都要经过培训合格后才可以到制造企业上岗做咨询。

培训的内容包括：一是咨询公司的企业文化、管理制度、要求等；二是根据项目的诉求来确定的。培训合格后才可以上岗。

9.3　守住做好项目的底线

第一条，项目老师是编剧、老板是导演，管理人员和员工是演员，必须做好角色扮演和分工。角色错乱，容易失败。

第二条，企业老板、管理人员和员工必须全力以赴地配合项目老师做好项目管理工作。如果大家不配合，项目管理很难做好。

第三条，对于不懂的问题或疑问，大家要主动积极地向项目老师请教或咨询，直至搞懂为止。否则，最终效果就要打折扣。

第 10 章　项目实施阶段

项目实施中的工作，要想顺利进行，不光是需要做事的专业，更需要做人的品德。

10.1　调研诊断

一般调研的时间为 1 个月，甚至更短。调研通常采用的方式是看现场、查文件、访谈、参加会议等方式的综合运用。

10.1.1　如何让调研动员成为一个好的开端

在调研前，为了调研工作顺利进行，一般要召开一个调研动员会，标志着调研工作正式启动。

调研动员会的关键环节如下。首先，项目老师进驻前，一般由项目总监通知企业召开调研动员的时间、人员，同时提前将调研工具（主要是表格）发给企业方打印出来（包括打印的份数等，都要书面交代清楚）。其次，按时参加调研动员会，会上由项目经理讲明调研的目的、对象、内容、方法、调研时间等。争取通过这个动员会，给企业人员增加信心。最后，动员会后，要特别注意会议室的小细节。比如，将椅子归位，将饮料瓶等多余的东西拿走。项目老师细节做得好，会给企业方留下一个做事认真的印象。常用的调研工具有如下 8 个：调研进程表、致全体员工的一封信、员工意向调查表、部门调研清单、案例分析收集表、访谈安排表、部门各岗位访谈提纲、分工计划。

工具一：项目调研进程表（一般调研时间是 1 个月。因项目不同，每个内容的完成时间稍有差异，所以没有标明具体时间），范例见表 10-1。

表10-1　某公司项目调研进程表

节点	实施动作	部门	负责人	指导	2月 3	4	5	6	7	8	9	10	11	12	13	14	15	16	17	18	19	20	21	22	23	24	25	26	27	28	3月 1
					日	一	二	三	四	五	六	日	一	二	三	四	五	六	日	一	二	三	四	五	六	日	一	二	三	四	五
提供基本资料	1. 由人事行政部提供完整的企业花名册及通信录	人事行政部	部门负责人	项目组																											
	2. 由人事行政部提供企业商标	人事行政部	部门负责人	项目组																											
	3. 由人事行政部提供企业各部门《例会一览表》	人事行政部	部门负责人	项目组																											
发放调研资料	1. 由人事行政部发放民意调查表	人事行政部	部门负责人	项目组																											
	2. 由人事行政部发放调研清单	人事行政部	部门负责人	项目组																											
	3. 由人事行政部发放高管自查表	人事行政部	部门负责人	项目组																											

续表

节点	实施动作	部门	负责人	指导	2月																									3月
					3	4	5	6	7	8	9	10	11	12	13	14	15	16	17	18	19	20	21	22	23	24	25	26	27	28	1
					日	一	二	三	四	五	六	日	一	二	三	四	五	六	日	一	二	三	四	五	六	日	一	二	三	四	五
组织坐谈	根据项目老师提供的访谈时间安排表组织相关人员进行访谈	人事行政部	部门负责人	项目组		■																										
收集统计分析民意调查结果	1.与项目组老师共同收集民意调查表	人事行政部	部门负责人	项目组			■																									
	2.与项目组老师共同收集调研清单与高管目查表	人事行政部	部门负责人	项目组			■																									
	3.与项目组老师共同统计分析民意调查表	人事行政部	部门负责人	项目组				■	■	■																						

续表

节点	实施动作	部门	负责人	指导	3日	4一	5二	6三	7四	8五	9六	10日	11一	12二	13三	14四	15五	16六	17日	18一	19二	20三	21四	22五	23六	24日	25一	26二	27三	28四	1五
					2月																										3月
制作张贴变革资料	1. 由人事行政部张贴致全体员工的一封信	人事行政部	部门负责人	项目组		■																											
	2. 制作管理变革宣传标语海报	人事行政部	部门负责人	项目组				■																									
	3. 评选/制作/张贴管理变革标语	人事行政部	部门负责人	项目组											■	■	■	■	■	■	■											
	4. 制定管理变革宣传栏（制定宣传栏、组织庆贺/培训/宣导）	人事行政部	部门负责人	项目组											■	■	■	■	■	■	■											
	审批、审核张贴内容	厂务部	部门负责人	项目组					■	■	■	■	■																			

续表

节点	实施动作	部门	负责人	指导	2月 3 日	4 一	5 二	6 三	7 四	8 五	9 六	10 日	11 一	12 二	13 三	14 四	15 五	16 六	17 日	18 一	19 二	20 三	21 四	22 五	23 六	24 日	25 一	26 二	27 三	28 四	3月 1 五
提供企业运行体系基础资料	1. 由各部门提供部门运作流程图及各流程运作关键控制点	各部门	部门负责人	项目组				■	■	■	■	■	■																		
	2. 由生产部提供生产工艺流程图及各工艺的关键控制点	生产部	部门负责人	项目组												■	■	■	■	■	■										
	3. 由各部门提供本部门关键指标	各部门	部门负责人	项目组												■	■	■	■	■	■										
	4. 由各部门与项目组及老板共同确认目标值指标	各部门	部门负责人	项目组																			■	■	■	■	■	■			
	5. 由人事部制作及制定关键数据指标看板	人事行政部	部门负责人	项目组																							■	■	■	■	

续表

节点	实施动作	部门	负责人	指导	2月 3(日)	4(一)	5(二)	6(三)	7(四)	8(五)	9(六)	10(日)	11(一)	12(二)	13(三)	14(四)	15(五)	16(六)	17(日)	18(一)	19(二)	20(三)	21(四)	22(五)	23(六)	24(日)	25(一)	26(二)	27(三)	28(四)	3月 1(五)
会议推行	1. 由人事行政部制定/组织会议研讨/推行会议管理制度	人事行政部	部门负责人	项目组					■	■		■	■																		
	2. 制定企业新的例会一览表	人事行政部	部门负责人	项目组								■																			
	3. 制定/组织研讨/推行班前会管理制度	人事行政部	部门负责人	项目组												■	■	■	■	■	■										
	4. 制定班前会管理制度会前会管理试题	人事行政部	部门负责人	项目组																		■	■	■							
	5. 组织会议相关人员考试管理制度班前会管理制度	人事行政部	部门负责人	项目组																			■	■							
	6. 由人事行政部对考试成绩进行公布宣传并奖励	人事行政部	部门负责人	项目组																						■	■				

续表

节点	实施动作	部门	负责人	指导	2月																									3月
					3	4	5	6	7	8	9	10	11	12	13	14	15	16	17	18	19	20	21	22	23	24	25	26	27	28	1
					日	一	二	三	四	五	六	日	一	二	三	四	五	六	日	一	二	三	四	五	六	日	一	二	三	四	五
组织成立管理变革核心团队	1. 与项目组老师确定管理变革核心团队	厂务部	总经理	项目组												■	■		■	■	■										
	2. 制定管理变革核心团队章程	厂务部	总经理	项目组															■	■	■										
	3. 组织相关人员研讨、推行管理变革核心团队章程	厂务部	总经理	项目组																		■	■							
	4. 组织各部门负责人确定本部门的关键数据指标	厂务部	总经理	项目组																				■	■	■	■	■			
	5. 推行各部门周工作总结与下周计划汇报模式	厂务部	总经理	项目组																		■	■							
	6. 推行管理小组成员每周一星评比方案	厂务部	总经理	项目组																		■	■							

续表

节点	实施动作	部门	负责人	指导	3日	4一	5二	6三	7四	8五	9六	10日	11一	12二	13三	14四	15五	16六	17日	18一	19二	20三	21四	22五	23六	24日	25一	26二	27三	28四	1五
																							2月								3月
组织成立管理变革核心团队	7.宣布、颁发、张贴授权书	厂务部	总经理	项目组																		■	■								
	8.推行信箱管理办法（制订方案/推行方案/培训、宣导）	厂务部	总经理	项目组											■	■	■	■	■	■	■										
组织召开誓师大会	1.制订管理变革誓师大会方案	人事行政部	部门负责人	项目组																		■	■	■	■	■	■	■	■	■	
	2.制定管理变革誓师大会议程	人事行政部	部门负责人	项目组																		■	■			■	■	■	■	■	
	3.制定誓师大会主持词	人事行政部	部门负责人	项目组																		■	■	■	■	■	■	■	■	■	

续表

节点	实施动作	部门	负责人	指导	2月 3 日	4 一	5 二	6 三	7 四	8 五	9 六	10 日	11 一	12 二	13 三	14 四	15 五	16 六	17 日	18 一	19 二	20 三	21 四	22 五	23 六	24 日	25 一	26 二	27 三	28 四	3月 1 五
	4. 制定誓师大会需求及明细表工作安排任务书	人事行政部	部门负责人	项目组																		■	■	■	■	■	■	■	■	■	
组织召开誓师大会	5. 做好誓师大会前的入场准备	人事行政部	部门负责人	项目组																		■	■	■	■	■	■	■	■	■	
	6. 各部门制定承诺书	各部门	部门负责人	项目组																		■	■	■	■	■	■	■	■	■	
	7. 相关人员准备发言稿	相关人员	部门负责人	项目组																		■	■	■	■	■	■	■	■	■	
建立奖励机制	拟定及推行员工基金管理办法	财务部	部门负责人	项目组																											

项目负责人：　　　　　　　　　　　　　　企业总经理：

工具二：致全体员工的一封信，范例如下。

致全体员工的一封信

尊敬的公司全体员工：

大家好！

受贵公司委托，我们管理升级项目组，在为期 6 个月的时间里，将与你们并肩作战，精诚协作，以全面实现管理升级为己任。

曾几何时，"市场如战场"众人皆知。所谓战场就是你死我活，竞争异常残酷、激烈。许多墨守成规、抱团守缺的制造企业一个个在竞争旋涡中沉沦，很多人却麻木不仁，无法感受到其中的危机，就像听到有人叫"狼来了"却没有看到狼一样。因此，缺乏危机意识的制造企业要警醒了，要居安思危，未雨绸缪。

是什么导致这些制造企业被淘汰？仁者见仁，智者见智。我们认为其主要原因是管理落后、粗放。如：经营管理模式不科学，效率低下；团队战斗力弱，执行力差；人情化盛行、个人权威大于组织权威；凭感觉而不是凭数据做管理，干多干少一个样、做好做坏一个样；无标准、无制约、无责任，职责不清、岗位不明、处处随意……这些问题往往不是孤立存在的，而是相互交织，互为因果，恶性循环，从而使得制造企业患上了三大"癌症——劣质、高耗、低效"。这样的制造企业走向败亡就是必然的。

沉舟侧畔千帆过，病树前头万木春。

能挺过危机而活下来的制造企业是强者，值得庆幸。但是，"狼"随时会来，此次是强者，下次也许就是弱者，自然法则从来都是物竞天择，适者生存。我们该怎么办？前事不忘，后事之师。我们应该提升自己，永不止步，做一个真正的强者。

公司的昨天属于艰苦奋斗、不懈努力的每一个人，功劳簿上有您的一份。您作为公司的一员，您可以为此感到自豪。辉煌毕竟属于昨天，只要企业存在，管理就永无止境，就要进步，就要提升。在市场如战场的今天，不进则退，不升则降，而退意味着明天的败，降意味着明天的亡。与以前相比，公司的管理也许进步了很多，与优秀制造企业相比，公司的管理也许落后了许多。大家不仅要正视自己的进步，更重要的是看到与优秀制造业的差距。古人云，"以铜为镜，可以正衣冠；以史为镜，可以知兴替；以人为镜，可以明得失"。因此，大家应该抱着"谦受益，满招损"的心态迎接此次管理升级。

我们项目组将要用20多天的时间做调研，对公司的管理系统进行全面诊断，科学系统地策划管理升级方案。我们殷切希望能得到您的支持与协助，请您抱着实事求是、认真负责的态度，站在您的岗位的角度，详细总结企业目前在文化建设、团队打造方面存在的问题；在人事、行政、计划、采购、仓储、技术、质量、生产、财务、成本、市场等管理方面存在的问题；企业与个人在发展过程中存在的问题。我们在此鼓励大家畅所欲言，群策群力，共同找出问题的本质，暴露问题的根源，实现全面管理升级。

管理升级意味着改变。大家要改变的不仅仅是观念，更重要的是改变过去不良的习惯。习惯的改变就是行为的改变，也就是思维方式的改变，也就是结果的改变。改变是痛苦的，但改变也是学习与成长的绝佳机会。不经风雨，怎能见彩虹？宝剑锋从磨砺出，梅花香自苦寒来。作为公司的一员，您要有挑战自我的勇气，从此刻起，积极投身到管理升级的大潮中来，重塑自我，与公司同甘共苦，为公司与自己的明天再创辉煌。

总之，万丈高楼平地起，脚踏实地做升级。公司管理升级的序幕已经拉开，我们在此号召公司全体人员为管理升级献计献策。我们在此真诚地感谢您！谢谢！

项目组

2021年10月21日

工具三：员工意向调查表，范例见下表10-2。

表10-2　员工意向调查表

项目	序号	项目内容	选择答案	
			同意 "√"	不同意 "√"
凝聚力	1	我对公司有依赖感，愿与公司长期发展		
	2	公司管理以人为本，员工对公司忠诚		
	3	公司管理政策公平、公正，员工能理解并积极响应		
	4	公司管理人员整体素质较高，管理能力强		
	5	公司注重团队素质提升，有年、月度人才成长计划		
	6	公司经常开展集体活动，塑造团队向心力		
升级支持	7	公司必须变革，改变现状，提升管理		
	8	对公司实施管理升级有信心，将全力配合		
沟通机制	9	在公司员工与高层沟通的渠道很畅通		
	10	员工能及时了解公司的动态与新的政策		
	11	公司很重视员工提出的意见或建议并能及时回复与处理		
	12	其他部门同事责任心强，不会经常影响到我的工作		
	13	在公司每个岗位都有明确的职责分工和权限范围		
同事关系	14	本部门同事之间工作关系融洽		
	15	工作之余，我能和公司所有同事融洽相处		
团队精神	16	我的上司倡导团队合作，非常注重团队精神的培养		
	17	我很信任我的上级，在我需要时他总能帮助我		
	18	我的上级能够公正、公平地履行管理职责		
	19	如果我努力工作，会得到上级的肯定，会有受表彰或晋升的机会		
	20	我觉得本职岗位上能让我发挥能力，施展才华		

项目	序号	项目内容	选择答案	
			同意 "√"	不同意 "√"
人事管理	21	公司目前的考勤、请假、辞职等人事管理制度较合理、规范		
	22	公司目前的工作时间安排及加班制度较合理、规范		
	23	公司目前的招聘流程较合理、规范		
	24	目前公司调薪、晋升与工作表现直接相关		
	25	公司人事行政部门服务意识强，办事效率高		
薪资福利	26	我目前的工资收入比较合理		
	27	公司目前薪酬制度比较合理		
	28	公司福利较好		
	29	公司有必要对员工的工作进行考评，使薪资与工作业绩直接挂钩		
后勤服务	30	食堂清洁卫生		
	31	食堂的饭菜足量，员工能吃饱、吃好		
	32	我对宿舍管理满意		
	33	保安能恪尽职守，爱护员工		
	34	公司处理工伤事故非常尽心		

制作：项目组　　　　　　　　2018-10-21

工具四：以下是部门调研清单。具体部门的范例各有不同。

人事行政部门管理升级调研清单

1. 请提供书面的制造业及本部门目前的组织结构图、本部门职能、工作职责、定岗定编表；

2. 请详细介绍公司中高层管理人员及本部门各岗位责任人；

3. 公司发展历程介绍，公司目标和规划，2018 年目标和规划，公司短、中、长期规划及其方案介绍，以及企业经营理念描述资料；

4. 提供书面的 2020 年本部门年度、月度工作总结及计划、例会会议记录；

5. 创业者、投资者的管理理念、经营理念介绍；

6. 公司、部门、个人目前的瓶颈是哪些？哪一个瓶颈目前必须要解决？

7. 公司是否有薪酬管理体系，目前主要问题点在哪里？

8. 公司是否有绩效管理体系，目前主要问题点在哪里？

9. 公司是否有招聘管理体系，目前主要问题点在哪里？

10. 公司是否有培训管理体系，目前主要问题点在哪里？

11. 请提供书面的目前在运行或制定的人事、行政、后勤模块工作流程、制度、工作标准、专案等，详细说明目录执行情况；

12. 员工是否遵守厂纪厂规，员工违纪及处理资料？

13. 公司各部门人力资源月、季、年度分析报表（包括 2020 年、2021 年 1~9 月部门人员结构、学历构成状况、工龄、籍贯、入职、离职等数据）；

14. 安全记录汇总（包括 2020 年、2021 年 1~9 月每月的工伤安全事故分析及处理对策等）；

15. 提供公司员工花名册、通讯录，以及员工集体活动管理记录；

16. 请将目前人事行政部门所使用的所有表单各复印一份（人员招聘计划、培训计划等）。

温馨提示：

请部门负责人如实提供以上资料，规定上交时间为 10 月 25 日 11：00 前。如无相关资料，则必须附书面资料说明原因。请将资料转交专家组，多谢合作！

广州 ×× 制造业管理研究所

2021 年 10 月 22 日

财务部门管理升级调研清单

1. 请提供书面的财务部门目前的组织结构、部门职能、岗位职责、定岗定编表;

2. 请详细介绍财务部门各岗位责任人;

3. 2021 年 1~9 月资产负债表、利润表、成本核算表、工资明细表;

4. 2020 年、2021 年财务指标,其中 2018 年分月统计(1~9 月),具体包括:销售收入、销售净利润率、净利润、客户退货状况、成品库存金额、原材料库存金额等;

5. 2020 年、2021 年 1~9 月每月管理费用、制造成本明细表;

6. 货款回收周期及资金流转介绍;

7. 请提供书面的财务部目前在使用或制定的管理制度、流程、作业指导书等,以及详细说明目前的执行情况;

8. 请将目前财务部门所使用的所有表单各复印一份;

9. 请提供书面的 2021 年本部门年度、月度工作总结及计划、例会会议记录。

温馨提示:

请部门负责人如实提供以上资料,规定上交时间为 10 月 25 日 11:00 前,如无相关资料,则必须附书面资料说明原因。请将资料转交专家组,多谢合作!

广州 ×× 制造业管理研究所

2021 年 10 月 22 日

营销部门管理升级调研清单

1. 请提供书面的本部门目前的组织结构图、部门职能、岗位职责、定岗定编表;

2. 请详细介绍本部门各岗位责任人;

3. 公司产品的市场区域分布介绍;

4. 请提供书面的 2020 年、2021 年 1~9 月各类产品销售状况分析介绍；

5.公司业务模式是"以销定产"还是"以产定销"；

6.出货准交率是否有统计，如果有请提供2021年1~9月的记录明细，如果没有统计，请举例说明；

7.是否有统计客户投诉次数，如果有请提供2021年1~9月的记录明细，如果没有统计，请举例说明；

8.是否有统计客户品质退货次数，如果有请提供2021年1~9月的记录明细，如果没有统计，请举例说明；

9.订单交期是否得到及时回复，如果没有请举例说明；

10.客户退货品是否得到有效、及时处理，如果没有请举例说明；

11.目前业务员与客户沟通联络方式介绍；

12.有无做顾客满意测量评估与战略分析，如有请介绍；

13.公司目前售后服务模式介绍；

14.公司目前生产周期是多长，并说明客户对此反应；

15.有无建立客户档案资料，如有请提供书面的样板；

16.请详细介绍业务接单流程，并提出目前业务接单存在的问题和解决办法；

17.新产品开发是由业务部门主导还是工程技术部门主导，简单介绍操作流程；

18.同客户有无签订合同，如有请提供样板；

19.客户样品管理状况介绍；

20.请提供书面的客户投诉与抱怨处理流程、客户退货、补货、补料处理流程，如果没有请详细举例说明；

21.请提供书面的2020年、2021年1~9月业务订单变更及取消订单汇总及分析；

22.目前公司账款回收流程介绍及2020年、2021年1~9月的回款明细；

23.2020年、2021年销售目标及规划介绍；

24. 请提供书面的本部门所制定或目前在运行的制度、流程、表单及详细说明目前执行情况；

25. 企业业绩介绍（包括 2019 年、2020 年、2021 年 1~9 月实际销售业绩和期望业绩），分析差距及原因；

26. 企业产品特色介绍；

27. 请提供书面的 2021 年本部门年度、月度工作总结及计划、例会会议记录。

温馨提示：

请部门负责人如实提供以上资料，规定上交时间为 10 月 25 日 11：00 前。如无相关资料，则必须附书面资料说明原因。请将资料转交专家组，多谢合作！

广州 ×× 制造业管理研究所

2021 年 10 月 22 日

技术研发部门管理升级调研清单

1. 请提供书面的本部门目前组织结构图、部门职能、岗位职责、定岗定编表；

2. 请详细介绍本部门各岗位责任人；

3. 新产品项目是新项目组通过深入充分的市场调研、科学论证和各相关部门的评审确定下来的吗？如不是，请介绍；

4. 企业是否建立了一套严格的新产品设计、研发设计管理程式，请详细介绍；

5. 新产品是否充分考虑了新产品的加工工艺性、通用性、互换性？是否按标准化设计？

6. 新产品设计完成后，提供给生产系统各部门的工程技术文件是否及时、准确、完整？

7. 工程技术部门提供给生产系统各部门的工装夹具是否及时、合理、实用？

8. 工程技术部门提供的加工工艺流程是否详细？能否为生产管理部门的工时定额提供准确的依据？

9. 有没有建立设备维修保养管理程序文件？若有文件是怎样规定的？相关记录有哪些？请提供书面文件；

10. 有没有设备保养记录卡？有没有设备定期检查表？有没有设备预防保养检查记录卡？请详细介绍，并提供相关表单；

11. 企业现有生产设备和非生产设备的归口管理部门是生产部门还是工程技术部门，有无建立设备档案，如有请提供资料；

12. 技术人员是否现场跟进生产、分析和解决问题，请详细介绍；

13. 有无物料编码及编码规则，如有请附编码规则；

14. 有无规定样品制作流程、客户承诺书、工程变更流程与工程技术变更通知书，如有请提供样板；

15. 请提供书面的本部门正在运行或制定的相关制度、流程表单及详细说明目前执行情况；

16. 请提供书面的 2021 年本部门年度、月度工作总结及计划、例会会议记录。

温馨提示：

请部门负责人如实提供以上资料，规定上交时间为 10 月 25 日 11：00 前。如无相关资料，则必须附书面资料说明原因。请将资料转交专家组，多谢合作！

广州 ×× 制造业管理研究所

2021 年 10 月 22 日

计划物控部门管理升级调研清单

1. 请提供本部门组织结构图、部门职能、各岗位职责、定岗定编表；

2. 请详细介绍本部门各岗位责任人；

3. 技术资料是否准确、及时传达到本部门；

4. 企业是否建立了一套系统的生产管理程序或生产计划体系？主

要有哪些表单？有哪些需要改进的地方？请介绍具体内容；

5. 客户订单及合同评审是否由本部门组织，客户订单是否由本部门转换为制造通知单，请详细介绍制造业目前的操作程序；

6. 企业是存货型生产还是订单型生产，或者二者都有，它们之间的比例是多少？

7. 企业生产统计的内容有哪些？数据状况怎样？（如产量、投入资源、品质合格率、不良率、直通率、报废与返工等数据的统计）

8. 生产管理部门是否按时填写生产日报、生产周报、生产月报，如有请提供报表样板，并请提供 2020 年、2021 年 1~9 月每月的生产数量（以实际入仓数据为准）；

9. 企业有无建立对生产部门的考核，如生产直通率（直通率是证明生产一次性产出能力的比率，它不包括被修理纠正的产品，也不包括被返工的产品）、生产效率（生产中标准生产工时与实际耗费工时的比率），如有请提供 2020 年、2021 年 1~9 月的统计数据；

10. 生产计划工作的主要内容包括那些，目前公司的生产计划运作模式如何，请详细介绍，如编制生产计划的资料准备、确定生产计划指标、排出生产进度等；

11. 目前企业的生产进度如何控制？请详细介绍；

12. 目前企业的插单、急单是否严重影响生产，请提供 2020 年、2021 年 1~9 月每月插单、急单数据统计，并提供现在实行的解决办法；

13. 企业目前的生产周期是多少，客户是否满意此交期，影响生产周期的最主要因素有哪些，该如何处理、解决，请详细说明；

14. 有没有划分呆料、废料、旧料？如何预防过多出现呆料？请提供 2020 年、2021 年 1~9 月每月呆废料统计明细及处理结果；

15. 企业有无制定物料的退、补、报废作业流程，请详细介绍，并提供 2020 年、2021 年 1~9 月每月退补料及报废料数据明细；

16. 企业有无对订单的物料损耗和超领进行统计，如有请提供数据；

17.物控部门有没有控制库存，并制定安全存量，目前企业从哪些方面降低成本，效果如何，请详细介绍；

18.物控的主要步骤有哪些，介绍目前制造业物控实际的操作程序，如用量分析、查找库存、填写请购清单、材料订购、进货验收、备料准备生产等；

19.目前所使用的作业流程、规章制度及技术资料有哪些？如生产计划管理程序、在制品生产流程、订单合同评审资料汇总、产品套料表、物料预算表、生产主计划表、原材料种类明细、物料申购表、进度跟催表、生产进度异常处理记录、生产日计划表、生产计划变更通知单、工序流程卡、各工序补料月汇总表、生产日报表等制度和表单；

20.数据提供：2020年、2021年1~9月每月入仓量、金额统计，2020年、2021年1~9月每月出货量、金额统计，2020年、2021年1~9月每月客户退货汇总、金额统计，2020年、2021年1~9月每月各车间计划准时完成率统计汇总；

21.企业有无系统管理软件，如有请简单介绍运作状况；

22.请提供书面的本部门目前在运行或制定的流程、制度、表单，以及执行情况；

23.请提供书面的2021年本部门年、月、周工作计划与总结，例会会议记录。

温馨提示：

请部门负责人如实提供以上资料，规定上交时间为10月25日11：00前。如无相关资料，则必须附书面资料说明原因。请将资料转交专家组，多谢合作！

广州××制造业管理研究所

2021年10月22日

生产部门管理升级调研清单

1.请提供本部门目前的组织结构图、部门职能、岗位职责、定岗定编表。

2. 请详细介绍本部门各岗位责任人。

3. 各车间、工序分布情况及主管任人情况介绍。

4. 当生产进度落后时，目前所采取的措施有哪些？并说明原因。

5. 制造企业现在实行的生产运作模式是什么，请详细介绍，如生产指令由哪个部门、谁发出，有无书面指令，生产部门有无生产日报表、退补料操作程序介绍等。

6. 制造企业有无测评标准工时，如有请介绍。

7. 目前生产有无严格依照计划执行，2020 年、2021 年 1~9 月每月计划达到率如何，请提供数据。

8. 生产管理人员有无控制生产损耗，目前制造业有无物料领发作业规定，超领物料如何处理。

9. 所有生产工艺是否严格依照作业指导书进行作业。

10. 生产员工在日常工作中是否对产品质量严格控制，以改进工艺、提升产能。

11. 生产部门对生产的投入与产出控制是否有具体方案和规定，如有请介绍。

12. 生产现场"5S"管理状况介绍，即环境管理和标识状况。

13. 目前企业生产异常处理程序介绍，发现、分析、解决问题能力与速度如何。

14. 制造企业有无对员工进行入职、岗位技能等培训与教育，生产部门有无早会机制。

15. 生产部门对各工序之间产品流转介绍、成品入仓介绍、使用了哪些表格、经过哪些程序。

16. 对管理人员和员工有无进行绩效考核，运行结果如何。

17. 数据提供：2021 年 1~9 月的生产计划排程，2020 年、2021 年 1~9 月的每月各班组订单完成情况统计，2021 年 1~9 月的呆、滞、废料状况统计及处理结果，2020 年、2021 年 1~9 月的生产员工流动率，2020 年、2021 年 1~9 月份每月紧急订单插单程度，2020 年、2021 年 1~9 月每月停工待料统计及原因分析、生产异常处理记录，2020 年、2021 年 1~9 月的制品物料报废记录，2020 年、2021 年 1~9 月的工伤记录。

18. 请提供书面的本部门正在运行或制定的相关制度、流程表单及详细说明目前执行情况。

19. 请提供书面的 2020 年本部门年度、月度工作总结及计划、例会会议记录。

温馨提示：

请部门负责人如实提供以上资料，规定上交时间为 10 月 25 日 11：00 前。如无相关资料，则必须附书面资料说明原因。请将资料转交专家组，多谢合作。

广州 × × 制造业管理研究所

2021 年 10 月 22 日

品质部门管理升级调研清单

1. 请提供本部门目前的组织结构图、部门职能、岗位职责、定岗定编表；

2. 请详细介绍本部门各岗位责任人；

3. 公司是否制定了质量方针，目标和质量策划，是否建立了质量体系系统文件；

4. 有无定期开展质量内审与 "5S" 稽核；

5. 目前企业使用的统计指标有哪些？如：来料合格率、制程合格率（一次合格率、直通率）、成品检验合格率、客户投诉次数、客户退货次数及原因分析、生产车间返工率等，并请提供 2020 年、2021 年 1~9 月每月各指标的明细数据；

6. 企业产品所需原材料有无进行检验，标准是什么？有无 IQC 作业流程文件？有无确定检验方法（如抽样、全检、免检），采用哪种抽样标准？来料不合格率有无进行原因分析？有没有采取纠正 / 预防措施？请详细介绍并提供书面资料；

7. 企业有无建立纠正 / 预防措施机制，总体步骤是怎样的？

8. 目前企业的客户退货处理程序是怎样的，请详细介绍，并请提供 2020 年、2021 年 1~9 月每月客户退货数量及金额；

9. 制造业目前有哪些检测仪器、检测设备，有无检测设备的管理规范程序文件？

10. 是否经常对员工进行质量意识教育与培训，是否经常聘请外部讲师培训；

11. 作业流程、规章制度方面：有无进料、制程、成品出货检验作业流程规定，有无首件检验作业流程与封样规定，有无巡检作业记录表，产品有无做可靠性试验，有无进行质量成本分析以及产品标识与可追溯性操作情况；

12. 有无建立品质检讨会议机制，品质异常如何处理，请简单介绍并提供品质例会记录、品质异常处理记录；

13. 请提供书面的本部门正在运行或制定的相关制度、流程表单及详细说明目前执行情况；

14. 请提供书面的 2021 年本部门年度、月度工作总结及计划、例会会议记录。

温馨提示：

请部门负责人如实提供以上资料，规定上交时间为 10 月 25 日 11：00 前。如无相关资料，则必须附书面资料说明原因。请将资料转交专家组，多谢合作！

广州 ×× 制造业管理研究所

2021 年 10 月 22 日

采购部门管理升级调研清单

1. 请提供书面的本部门目前的组织结构、部门职能、岗位职责、定岗定编表；

2. 请详细介绍本部门各岗位责任人；

3. 目前企业有无采购作业程序，请详细介绍，并提供书面资料；

4. 目前企业是怎样对供应商管理与评价，有无与供方签订质量保证协议书，有无方案溯取供应商因质量原因的损失费用，请详细介绍，并提供供应商名录资料及价格档案；

5. 采购部目前是怎样跟催物料，并请提供 2020 年、2021 年 1~9 月每月物料交期及品质情况统计数据；

6. 目前制造业是怎样向供方退料、补料的，需要哪些程序和表单，请提供书面资料；

7. 目前采购部有无方案降低采购成本，如有请提供降低采购成本的途径及方法；

8. 目前采购工作是如何具体实施的，如采购计划、审批程序、供应商评估、采购订单管理、供应商管理等方面，请详细介绍；

9. 作业流程、规章制度及表单方面：所有物料采购周期汇总、材料异常记录、材料进程监控表、采购结存流程表等；

10. 请提供书面的本部门目前在运行或制定的流程、制度、表单，及执行情况；

11. 请提供书面的 2021 年本部门年、月、周工作计划与总结，例会会议记录。

温馨提示：

请部门负责人如实提供以上资料，规定上交时间为 10 月 25 日 11：00 前。如无相关资料，则必须附书面资料说明原因。请将资料转交专家组，多谢合作！

广州××制造业管理研究所

2021 年 10 月 22 日

仓储部门管理升级调研清单

1. 请提供书面的本部门目前的组织结构、部门职能、岗位职责、定岗定编表；

2. 请详细介绍本部门各岗位责任人；

3. 目前企业有无对仓储区域进行划分与标识及实行"5S"管理？区域划分是依据怎样原则进行划分的？有没有指定的收料区？如进料待检区、进料合格区、检验退货区；

4. 物料搬运、防护作业流程有没有文件规定？现在的操作流程是什么，请简单介绍；

5. 目前有无仓储管理制度、仓储控制等作业流程性文件？如收料、发料、入库作业程序，请详细介绍，并提供书面资料；

6. 如何进行退、补料作业，请介绍作业程序并提供相关表单；

7. 如何处理不良品的，请介绍作业程序并提供相关表单；

8. 如何进行成品入库，请介绍作业程序并提供相关表单；

9. 如何进行盘点，请介绍作业程序并提供 2020 年、2021 年 1~9 月盘点记录的相关表单；

10. 仓库存货如何进行调整，请介绍作业程序并提供相关表单；

11. 仓库呆滞料是如何处理的，请介绍作业程序并提供 2020 年、2021 年 1~9 月每月呆废料记录及处理表单；

12. 目前制造业仓库、采购、财务部门账务是如何进行处理的，请详细介绍作业程序，并提供 2018 年 1~9 月相关数据；

13. 请提供书面的本部门目前在运行或制定的流程、制度、表单，及执行情况；

14. 请提供书面的 2021 年本部门年、月、周工作计划与总结，例会会议记录。

温馨提示：

请部门负责人如实提供以上资料，规定上交时间为 10 月 25 日 11：00 前，如无相关资料，则必须附书面资料说明原因。请将资料转交专家组，多谢合作！

广州 ×× 制造业管理研究所

2021 年 10 月 22 日

工具五：案例分析收集表范例见表 10-3。

表10-3　案例分析收集表

（请人事行政负责人将本信息收集表发给填表人，于 10 月 25 日 11：00 前直接交给项目
老师，所填写内容将严格保密，绝不公开）

填表人		部门		职称		填表日期	

主要职责、权限（或负责事务）：

企业存在案例分析

　　只有把问题彻底暴露出来，才能对问题进行根本性、系统性解决。请实事求是地将
自己所知道的各方面问题填写下表给项目组老师，真诚感谢！

案例详述 （事例说明）		案例详述 （举例说明）	
原因分析		原因分析	
所采取过 的措施		所采取过的 措施	
您认为的解 决方法		您认为的解 决方法	

注：①此表发放给参与管理升级动员会的岗位人员和老师指定人员；② 如果内容较多，请附页详述。谢谢！

工具六：访谈安排表例见表 10-4。

表10-4　访谈安排表

尊敬的 ×× 各位精英：

　　您好！我们是 ×× 企管 ×× 项目组。我们正与你们一起为制造业迎接未来的挑战，
使业绩更上一层楼而努力。为了最大限度地提高工作效率，我们进行一次访谈调研活
动，您的建议和意见对公司的发展至关重要，我们真诚地希望您能真实、独立地表达

自己的观点,您对我们工作的支持和合作将有助于我们了解实际情况,获取客观的信息,才能客观、准确地进行企业诊断,制订出适合企业发展的改善方案与举措。

请按照您的实际工作时间确认,以便在不适时能得到适当的调整,请签字确认访谈时间,谢谢您的配合!

序号	部门	职位	姓名	访谈日期	访谈时间	访谈地点	签名
1		总监					
2		主管					
3	人事行政	行政文员		10月24日			
4		行政文员					
5		厂长					
6		木工主管					
7	一分厂	油漆组长					
8		包装组长		10月25日			
9		生产跟单					
10		厂长					
11		木工主管					
12	二分厂	油漆主管					
13		副主管					
14		包装组长		10月26日			
15		主管					
16	物控部	物控员					
17		仓库组长					
18		电工					
19	设备科	电工		10月27日			
20		电工					

序号	部门	职位	姓名	访谈日期	访谈时间	访谈地点	签名
21	技术部	主管					
22	财务部	主管		10月27日			
23		出纳					
24		会计文员					
25	品管中心	经理					
26		品管文员					
27		管理					
28		木工质检		10月28日			
29		成品终检					
30		包装质检					
31	营销中心	总监					
32		主管					
33		设计		10月29日			
34		跟单文员					
35		设计					
36		跟单文员					
37	总经办	总经理		10月30日			
38		老板娘					
39		生产总监					
40		管理					
41		助理		10月31日			
42	现场基层员工抽查访谈				当天上班	现场	

发文：项目组

2021-10-23

工具七：部门各岗位访谈提纲范例见表 10-5。

表10-5 _____部各岗位访谈记录表

被访谈人：	籍贯：	学历：	出生年月：
部门：	职务：	工龄：　　年	行业年龄：
现职年资：	同职年资：	访谈老师：	访谈时间：

一、基本情况

1. 直接上司职务 / 姓名：　　　　　　　　直接下属职务 / 姓名：

　　　　上级人数：　　　　　　　　　　　下级人数：

2. 工作职责：

①

②

③

3. 部门业务运作流程、岗位工作流程、管理流程、沟通情况（包括会议情况、培训情况）

等执行情况：

①

②

③

4. 主要面临的问题、重要的问题、最大的问题、核心的问题（含具体案例）：

①

②

③

二、被访谈人对公司管理与升级的建议，或怎么做容易出效果

①

②

③

工具八：公司调研报告分工计划范例如下。

××公司调研报告分工计划

第一部分　总论

　　第一章　××概况（赵）

　　第二章　××发展简史（赵）

　　第三章　管理症结剖析与结论

　　第一节　制造业文化剖析（周、赵）

　　第二节　团队剖析（周、赵）

　　第三节　经营效益剖析（周）

　　第四节　管理能力剖析（周、赵）

　　第五节　管理模式剖析（周、赵）

　　第六节　结论

第二部分　管理升级解决方案

　　第一章　产品简介（周）

　　第二章　精益管理升级运作思路（周）

　　第三章　管理升级实施步骤（周）

　　第四章　管理升级实施进程表（周、赵）

第三部分　访谈记录（赵）

10.1.2　了解问题，应从哪些方面切入才对

了解问题，一定要从人开始切入。一般项目调研思路：先跟老板了解一下创业史，再了解每个阶段的问题，最后确认老板的期望和想法。

一般调研流程：首先，大致看看制造企业所有的文件，像企业花名册、通讯录、组织结构图和员工工资表（有的制造业不给，也要主动问问）；其次，去现场了解现象和数据等；然后，安排找人访谈，管理人员和骨干人员，一一访谈，了解他们的诉求、认知、态度、想法、水平等；再次，参加制

造企业常开的会议，从会议上可以了解更多的问题。比如，沟通问题、流程问题、交货问题等；最后，把所有的文件仔细地看一遍。

全部完成后，再同企业老板做一个初步的制造企业存在问题的大致确认，从这个谈话中，可以了解还没有调研到的老板关注的细节问题。如果没有调研到位，继续调研，直到了解得差不多了再跟老板再次沟通，做最后的需求和目标的确认。这是非常重要的环节。

不管你通过以上什么方式去调研，一定要按照整个制造企业从接单到出货流程的思路去调研。也就是以终为始法来调研。具体来说，就是从客户对我们的品质、交期等角度的满意度开始从后往前推去调研。这样，一环扣一环，就会了解到很多的原因。

以后，解决问题的时候，再从源头或根本上去化解，慢慢地就会变好。

10.1.3 做一个抓得住制造业痛点、核心问题的陈述报告

制造企业的痛点，一定离不开经营效益的损失（财务视角）。

从经营效益损失的角度来陈述问题，往往会触动老板的痛处，容易使老板具备和你同样的认知，从而使老板更加坚定做管理变革的决心。

现摘录 A 公司的调研报告"经营效益剖析"部分，阐述如下。

经营效益剖析

经营效益是指制造企业在生产经营过程中所获得的经营效益，制造企业的目的就是要提高经营效益。要想研究提高制造业经营效益问题，必须分析和掌握影响制造业经营效益的有关因素，从中找出薄弱环节或症结原因所在，再确定切实有效的提高经营效益的途径。

针对 A 公司的实际情况，项目老师分析查阅了企业的经营数据，发现如下问题。

问题点一：2013 年 5~9 月的销售目标都没达成（见表 10-6）

表10-6 2013年5~9月销售目标达成率

系列	5月			6月			7月			8月			9月		
	目标数	完成数	达成率	目标数	完成数	达成率	目标数	完成数	达成率	目标数	完成数	达成率	目标数	完成数	达成率
华瑞	5 000 000	3 798 686	-24%	5 500 000	3 357 708	-39%	6 000 000	5 167 786	-14%	8 000 000	4 888 048	-39%	11 000 000	5 434 477	-51%
福瑞	3 000 000	1 431 054	-52%	3 000 000	1 322 439	-56%	2 900 000	1 397 492	-52%	3 000 000	1 458 127	-51%	3 400 000	2 301 688	-32%
皇家木语	3 000 000	67 533	-98%	3 000 000	477 259	-84%	2 800 000	257 752	-91%	2 830 000	241 251	-91%	3 000 000	614 387	-80%

问题点二：公司净利润低，成本高

由财务提供的 2012 年 8 月的资产负债表、利润表和 2013 年 8 月的资产负债表、利润表得知。

1. 2012 年净利润占资产总额的比例、营业成本占营业收入的比例如下：

（1）净利润占资产总额的比例：2 654 355.16 ÷ 49 655 508.88 × 100%=5.35%；

（2）营业成本占营业收入的比例：19 967 571.96 ÷ 26 680 783.55 × 100%=74.84%。

2. 2013 年净利润占资产总额的比例、营业成本占营业收入的比例如下：

（1）净利润占资产总额的比例：1 460 817.92 ÷ 61 338 706.61 × 100%=2.38%；

（2）营业成本占营业收入的比例：24 643 264.09 ÷ 32 488 418.03 × 100%=75.85%。

从以上数据可以看出，2013 年与 2012 年相比，公司的净利润越来越低，而营业成本越来越高。

导致利润空间越来越小、成本越来越高的原因主要在于计划功能失控、产值低。

问题点三：产值偏低，经营业绩差（3 个厂长计算产值的方法不统一）

1. 项目老师于 2013 年 11 月 2 日发现，一厂 2012 年每月的人均产值没统计。只有 2013 年 6~9 月的产值统计，人均产值也没做。原因是不清楚每月到底有多少员工。在项目老师的要求下，由一厂厂长于 2013 年 11 月 3 日提交了月人均产值。从 7 月份开始有目标，但没有月度目标体现（见表 10-7）。

表10-7　一分厂2013年6~10月产值统计

月度	入库产值（元）	人数（人）	人均产值（元/月）
6	3 561 349	145	24 561
7	4 188 776	148	28 302
8	4 932 514	150	32 883
9	5 491 014	152	36 125
10	6 101 161	152	40 139

说明：1.5月以前未做产值统计工作，故无相关数据；
　　　2.人数为月末人数，但不表示每日实际出勤人数。

2.经老师要求，厂长重新在表格里加进了"计划目标"，即"月度目标产值"（见表10-8）。

表10-8　一分厂2013年6~10月产值统计

月度	计划目标（元）	入库产值（元）	人数（人）	人均产值（元/月）
6	无	3 561 349	145	24 561
7	400 万	4 188 776	148	28 302
8	550 万	4 932 514	150	32 883
9	550 万	5 491 014	152	36 125
10	600 万	6 101 161	152	40 139

说明：1.5月份以前未做产值统计工作，故无相关数据；
　　　2.人数为月末人数，但不表示每日实际出勤人数。

3.二厂和一厂类似，2012年每月的人均产值都没统计。老师要求提供，二厂也没法做。因为缺乏基础数据。也没有月度产值目标。

4.三厂和二厂类似，2012年每月的人均产值都没法统计。还是在老师的要求下，三厂厂长统计出了7~10月的人均产值，依然没有月度产值目标（见下表10-9）。

表10-9　三分厂2013年7~10月产值统计

月度	产值（元）	人数（个）	总出勤天数（天）	平均出勤数（天）	人均产值（天）
7	354 904	67	1 915.3	28.6	5 297
8	331 198	68	1 918.8	28.2	4 871
9	740 000	80	1 971.2	24.6	9 250
10	640 000	68	1 642	24.1	9 412

原因分析：

（1）人员的积极性不够；

（2）新员工缺乏归属感，流失率大；

（3）品质问题多，返工率高；

（4）各工序产能不平衡，缺乏 IE 工程分析。如：工作疲劳度大，搬运浪费，没有实现标准化作业。

由上述数据可见，光净利润这一项经营指标，2012~2013 年，公司的净利润越来越低，而营业成本越来越高。核心问题主要是围绕制造业的核心竞争力来阐述的。

一个制造企业的风险，不仅仅有经营的风险、管理的风险，还包括了战略的风险、法律的风险等。企业经营者一定要懂战略，否则，企业的风险很大。战略包括：价值观、愿景、使命、战略目标、三层业务链的规划、比较竞争优势和核心竞争力。不懂基本的法律等，迟早会吃亏的。轻则赔钱、受罚、缴纳滞纳金等，重则可能会面临更大的风险。

下面摘录调研报告第一节——以某制造企业调研的核心问题做部分核心竞争力的阐述。

制造企业文化剖析

制造企业文化是指制造业在生产经营活动中确立的并被员工普遍认可和共同遵循的价值观念及行为规范。良好的企业文化是制造企业的灵魂，是推动企业发展的不竭动力。制造企业文化是制造企业为解决生存和发展的问题而树立形成的，被组织成员认为有效而共享，并共同遵循的基本信念和认知。制造企业文化集中体现了一个制造企业经营管理的核心主张，以及由此产生的组织行为。

制造企业文化的核心是价值观。价值观是指制造企业内成员对某个事件或某种行为好与坏、善与恶、正确与错误、是否值得仿效的一致认识。统一的价值观使制造企业内成员在判断自己行为时具有统一的标准，并以此来选择自己的行为。

文瑞在企业文化建设方面开展了一些工作，如设立了文瑞制造企业文化宣传栏，包括企业的价值观、管理理念和《弟子规》的解读、宣导；制作了《文瑞报》等；每两个月举办员工集体生日聚会；年节发放福利金或礼品；举办中秋活动和年终抽奖晚会；成立文瑞党支部；培训中层执行力；2010 年诚邀成功动力培训机构为全体员工打造"黄埔团队"建设模式（团结一心，我们都是一家人）；2011 年 4 月 30 邀请著名国学老师孔刃非教授为全体员工精彩授课；2011 年 7 月 21 日商务礼仪培训现场互动等。虽然取得了一定的成效，但还存在不足之处。

问题点一：愿景和使命不清晰，没有核心价值观

由人事行政部提供的制造企业文化 PPT 可知，"与员工共成长，与经销商共发展和做中国家具行业领先企业"不应该是管理理念，而应该分别是经营理念和愿景；"为天下人营造一个温馨的家，做百年文瑞"不完全是使命，而是使命和愿景；制造企业价值观的内容很多，但没有核心价值观。

愿景是指一个企业想成为什么，应是制造企业全体员工与投资人的人生理想与奋斗目标；使命是指一个企业在社会当中所实现的价值与意义，并可以与个人的人生价值与意义相结合。

核心价值观，简单来说就是某一社会群体判断社会事务时依据的是非标准，遵循的行为准则。核心价值观通常是指制造企业必须拥有

的终极信念，是制造企业经营哲学中起主导性作用的重要组成部分，它是解决制造企业在发展中如何处理内外矛盾的一系列准则，如制造企业对市场、对客户、对员工等的看法或态度，它影响与表明制造企业如何生存的立场；核心价值观是制造企业相对性的自身绝对性，所以它又具有不可改变性。

制造企业的核心价值观是一个制造企业本质的和持久的一整套原则。它既不能被混淆于特定制造企业的文化或经营实务，也不可以向制造企业的财务收益和短期目标妥协。

导致没有核心价值观的原因是公司没有做好核心价值观的提炼，确保公司提炼出来的核心价值观，是公司真正需要的、共同的核心价值观。

核心价值观是指导公司所有员工共同行为的、永恒的准则。它应该体现公司员工共同的思想，而不是老板或者高层管理人员的个人意志，这是其一。还有另外一种情况，就是企业核心价值观的提炼，没有从制造企业的现实情况出发，一味地模仿行业标杆（或者国内、外的著名制造业），互相抄袭核心价值观，没有从自己制造业的特殊个性、所面对的特殊环境，真正挖掘自己制造业经多年的发展所沉淀下来的良好价值观。

问题点二：无明确的制造企业战略规划

2013 年 11 月 1 日晚，项目组老师访谈总经理吴述文先生短期、中期、长期的目标和规划时，他只能说出一年和五年的目标，但未能分解下去。也说不出十年或二十年的目标，更谈不上五十年或一百年的目标。这与实现"百年文华"的愿景有很大的差距。

战略规划是企业找到外部环境和机会与自己组织资源之间的对接，它是企业希望达到的远景蓝图的有效支撑，是企业的近期、中期与长期的奋斗目标及支持策略。假如制造企业没有明确的战略规划，就如同汪洋大海中没有方向的帆船，只能在海浪中随波逐流，无论船员怎么努力，却永远到达不了彼岸。这样，大家都不清楚制造企业的发展方向，不知道自己在制造业里肩负着怎样的使命和责任，从而士气低落，个人潜能得不到充分发挥，团队也会失去凝聚力与战斗力。

问题点三：缺乏责任文化，执行力差

1. ISO9001：2008 执行不好：人事行政总监、品管经理和不少领导、管理人员都反映，公司的质量管理体系文件执行得不好，有的领导，如厂长和品质经理，连公司的管理者、代表都分不清楚，形同一纸空文。

2. 行政管理制度执行差：项目组老师访谈人事文员，了解考勤管理制度、员工食堂管理制度、员工宿舍管理制度、工作服管理制度、厂证管理制度，员工遵守得好不好？她说，厂证的制度方面，因为员工上班做事带着不方便，所以一般他们都会放在口袋里面；工作服方面还好，员工做得都比较到位，其他的制度都不怎么到位，执行有难度。

3. 员工不熟悉作业标准：项目组老师查看三个分厂工作现场发现，员工对作业标准质量检验标准书、工序作业指导书的内容不清楚，有的员工连"段面出榫标准"都不清楚，竟在做着"开料"工序的事。

4. 2013 年 10 月 28 日，项目组老师参加文瑞的每周管理例会。会上，部门负责人相互推卸责任，没有听到一个人在讲自己或自己部门的问题。会开完了，没有形成会议决议，会议决议也没有责任人和完成时间，更没有明确，如果完成不了，责任人应承担什么责任。会后，老师向做会议记录的人事行政文员何慧群要本次会议记录，经反复催促，直到 2013 年 11 月 3 日才收到不规范的、无落实责任的会议记录。

5. 工作、生活方面，项目组老师安排部门负责人书面提供问题，有不少负责人习惯了口头表达，不愿书面反映问题，也不想写问题，养成了只动口不动手的官僚习气；同时，项目组老师已于 2013 年 10 月 22 日写好了两位老师的办公用品清单、生活用品清单交给人事行政总监负责办理，但直到 11 月 1 日，才把项目组老师的办公室白板和宿舍饮用水安排到位。

问题点四：缺乏公开、公平、公正的文化

调研访谈中，有员工均反映，文瑞有定薪特权文化，从广东招过来的员工，工资会高些；跟高管有关系的员工，比有的老实做事的员工工资高。员工抱怨付出与报酬不相等，不公平。

制造企业若缺乏相对公正、公平的企业文化时，管理的问题则应运而生，因为所有的问题来源于人的矛盾，而矛盾主要来源于不公平，不公平是制造企业管理的主要症结。

问题点五：人文关怀不够，凝聚力不足

调研访谈员工和大部分管理者，他们均反映，公司缺少人文关怀，有的管理者做派官僚，对新进员工的工作缺少指导；缺少生活上的关心，造成员工没有归属感和认同感。

制造企业的集体活动是打造制造企业文化的手段，制造企业集体活动的缺失直接导致制造企业凝聚力的丧失。

一流的制造企业做文化，二流的制造企业做制度，三流的制造企业做产品。当今，制造企业对企业文化的打造至关重要，也决定着制造企业的未来。我们回顾文瑞在制造业文化打造方面可以说极其缺乏，核心理念不清晰、战略规划不明确、执行力极差、凝聚力缺乏、组织力不强。在接下来的管理升级过程中制造业文化是重中之重的。在构建科学化管理制造业的同时，也一并加强制造业文化的打造。为品牌的长远发展奠定健康的文化基础。文化的再造是制造企业管理升级的主题。

由上述可见，A 公司的核心问题是：团队缺乏凝聚力和责任心。

但是，光了解企业的经营核心问题，还不行。我们必须对企业的方方面面，如管理的问题，进行调查、研究，再编制出一份完整的调研报告，才能比较完整地了解一个企业它所存在的问题。然后根据问题，我们才有可能进一步做出企业的改善思路和改善计划。

　　要做调研报告，很复杂。我们早期的调研报告，一般做成五个册子，一本是总论，概要企业的问题、对策、思路和计划，另外四本是分职能模块的提出问题与对策，分别有人事行政制造业文化系统职能问题与对策、财务系统职能问题与对策、生产系统（包括从业务接单到出货客诉的数量、效率和交期管控系统）职能问题与对策和品质技术系统（研发、工程、设备、模具、品质）职能问题与对策。

　　现在给有的企业做调研报告，做得相对比较简单抓住要点就行了。

10.2　项目实施

　　项目实施的时间一般至少为半年，项目实施目的是将调研的策略结合后面的实际合理调整落实到位。

10.2.1　细化项目的目标，让目标清晰、可实现

　　项目的周期可以是几个月，可以是几年，究竟是多久，需要根据制造业的问题和诉求来定。项目的目标分为整个项目目标（可以是几个月，也可以是半年、一年或几年）、月目标和周目标。

　　如果项目的周期是一年，最好按照"年度经营计划制定与管理六步法"去推动，分述如下：

　　（1）年度经营环境分析；

　　（2）年度竞争策略规划；

　　（3）确定年度经营目标；

　　（4）编制年度业务计划及经营预算；

　　（5）年度经营计划实施平台构建；

　　（6）年度经营计划实施评价。

　　一般民营制造企业，不管是做半年的项目，还是做一年的项目，管理问题比较突出，管理基础和执行力都较差。大多数需要做管理提升，远谈不上经营战略等分析、改善和规划，更不提倡做整体的年度经营计划制订

与管理，最好是一步一步来学习和改善。

整个项目的目标一般设定为人员流失率、原料周转率、成品周转率、计划达成率、采购准交率、账物卡相符率、来料合格率、制程合格率、成品合格率、客户验货合格率、订单准交率、月人均产值等常见指标。指标到底确定多少，跟企业的配合度有关，一般不承诺。企业如果不配合或配合得不够好，你如何敢承诺？制造企业的配合度或配合性越大，变革的效果肯定会越好。事实上，配合度是可以量化的。只有配合度量化后，项目整个阶段所要达到的指标才可以明确。制造企业要求咨询公司承诺指标多大，咨询公司同样可以要求制造企业的配合。

目标的达成，要靠计划的完成去实现。什么是计划？计划就是将企业现状达成目标的行动路线时间表。

计划是为目标服务的。项目计划一般分为项目总计划、项目月计划和项目周任务书。项目周任务书就是项目周计划，它是为项目月计划服务的。项目月计划是为项目总计划服务的。项目总计划是项目的指引性计划，具有纲领性作用。项目月计划是项目的指导性计划。项目周计划是项目的指令性计划。项目进度和质量的好坏，项目周任务的完成起着至关重要的作用，可以说是决定性的作用。

因此，项目月计划是根据项目总计划结合实际分解出来的月度计划。项目周计划是根据项目月计划结合实际分解出来的周任务。

项目月计划分为项目组月计划和企业各部门的月计划；项目周计划，分为项目组周计划和企业各部门的周计划。

企业各部门的月计划是参考项目组的月计划制定的；制造企业各部门的周计划是参考项目组的周计划制定的。

下面表 10-10 至表 10-15 是项目实施的一些月计划和周计划的范例工具表，这 5 张范例工具表分别按照先后次序排列如下。

范例一:

表10-10 ××服饰有限公司项目实施进程表

图例: ■ 表示已经实施　　▨ 表示计划实施

项目	类别	实施方案	4月 第1周	4月 第2周	4月 第3周	4月 第4周	5月 第1周	5月 第2周	5月 第3周	5月 第4周	6月 第1周	6月 第2周	6月 第3周	6月 第4周	7月 第1周	7月 第2周	7月 第3周	7月 第4周	8月 第1周	8月 第2周	8月 第3周	8月 第4周	9月 第1周	9月 第2周	9月 第3周	9月 第4周
组织机构调整及基础文件推行	组织结构设置	◆建设管理机制,夯实管理基础,提供管理平台基础			■																					
		根据制造业战略发展规划,讨论、调整、执行公司组织架构:		▨	▨																					
		——与制造业高层讨论、调整、确定组织结构		▨	▨																					
		——确定各部门组织目标、强化职能部门管理																								
		——整合、调整相关部门的职责																								
		根据制造业组织架构讨论、调整、执行部门组织架构																								
		召开全员誓师大会,拉开管理变革的序幕	▨	▨	▨	▨	■																			
	机制	成立管理变革领导小组并运行	▨	▨	▨	▨																				
		成立稽核中心并运行																								

续表

项目	类别	实施方案	4月 第1周	4月 第2周	4月 第3周	4月 第4周	5月 第1周	5月 第2周	5月 第3周	5月 第4周	6月 第1周	6月 第2周	6月 第3周	6月 第4周	7月 第1周	7月 第2周	7月 第3周	7月 第4周	8月 第1周	8月 第2周	8月 第3周	8月 第4周	9月 第1周	9月 第2周	9月 第3周	9月 第4周
组织机构调整及基础文件推行	制度	推行并实施会议管理制度			▨	▨	■	■	■	■	■	■	■	■	■	■	■	■	■	■	■	■	■	■	■	■
	制度	推行并实施稽核管理制度					■	■	■	■	■	■	■	■	■	■										
		推行并实施管理培训管理动作控制卡				▨																				
		建立意见箱，及时听取员工心声并回复		▨																						
	机制	推行并实施员工福利基金管理制度			▨																					
	机制	推行并实施员工沟通管理制度					■																			
生产运作系统打造	◆打造生产运作体系，生产顺畅，订单准交率提升、产量稳中有升						■																			
	样板房	制定打样作业控制卡并实施					■	■	■	■	■															
		制定新产品研发进度控制卡并实施							■	■	■	■														
	IE工程	建立工艺改善关键数据及目标考核体系									■	■														
		制定工艺变更作业控制卡并实施																								
		制订员工改善提案管理方案并组织实施																					■	■	■	■

续表

项目	类别	实施方案	4月第1周	第2周	第3周	第4周	5月第1周	第2周	第3周	第4周	6月第1周	第2周	第3周	第4周	7月第1周	第2周	第3周	第4周	8月第1周	第2周	第3周	第4周	9月第1周	第2周	第3周	第4周
生产运作系统打造	PMC部	制定订单评审作业控制卡并实施					■	■																		
		制定订单变更作业控制卡并实施					■	■																		
		制定生产计划作业控制卡并实施							■	■																
		制定物料排查作业控制卡并实施					■	■																		
		制定采购作业控制卡并实施							■	■																
		制定产销协调会作业控制卡并实施							■	■																
		制定生产对单作业控制卡并实施					■	■																		
		制作订单生产进度看板并实施							■	■	■	■														
		制定订单生产尾数清理作业控制卡并实施									■	■														
	生产部	制定车间工序交接作业控制卡并实施										■	■	■												
		制定生产异常处理作业控制卡并实施											■	■												
		制定车间早会动作控制卡并实施											■	■												
		完善车间生产日报表并实施											■	■												
		完善小组生产进度看板并实施												■	■											
		制定员工技能PK方案并实施													■	■										
		建立工序质量品质直通率控制，提高产品直通率														■	■									

续表

项目	类别	实施方案	4月第1周	4月第2周	4月第3周	4月第4周	5月第1周	5月第2周	5月第3周	5月第4周	6月第1周	6月第2周	6月第3周	6月第4周	7月第1周	7月第2周	7月第3周	7月第4周	8月第1周	8月第2周	8月第3周	8月第4周	9月第1周	9月第2周	9月第3周	9月第4周
生产运作系统打造	仓库	明确各仓管员岗位职能及分工					■	■	■	■																
		建立仓库关键数据及目标考核体系					■	■	■	■																
		成立仓库整顿攻关小组					■	■	■																	
		制订仓库整改方案（区域划分、货物清点、建账建卡）					■	■	■	■	■															
		呆滞物料清理、判定、处理					■	■	■	■	■															
		制定装箱作业控制卡并实施					■	■	■	■	■															
		制定仓库管理控制卡（收料、领发料、备料、退料、呆滞物料账目处理作业控制卡）					■	■	■	■	■															
	品质部	明确各岗位职能及分工										■	■	■												
		建立品质数据体系及质量目标考核体系											■	■												
		制定首检、自检、互检、巡检控制卡并实施												■	■											
		制定来料检验作业控制卡并实施													■											

续表

项目	类别	实施方案	4月第1周	第2周	第3周	第4周	5月第1周	第2周	第3周	第4周	6月第1周	第2周	第3周	第4周	7月第1周	第2周	第3周	第4周	8月第1周	第2周	第3周	第4周	9月第1周	第2周	第3周	第4周
生产运作系统打造	品质部	制定成品检验作业控制卡并实施													■	■	■									
		制定来料不合格品处理作业控制卡并实施									■	■	■													
		制定返工处理作业控制卡并实施											■	■												
		制定品质数据统计作业控制卡并实施															■									
		建立质检讨及改善制度												■												
		制定质量赔偿管理制度并实施												■												

◆打造高执行力、高效率团队，让相邻部门间相互监督制约，以绩效调动员工积极性，固化各岗位职责，实现领导管人、流程管事的管理思想

项目	类别	实施方案	4月第1周	第2周	第3周	第4周	5月第1周	第2周	第3周	第4周	6月第1周	第2周	第3周	第4周	7月第1周	第2周	第3周	第4周	8月第1周	第2周	第3周	第4周	9月第1周	第2周	第3周	第4周
高执行力、高效率团队打造	横向问责推行	制定并实施横向制约实施方案													■	■	■	■	■							
		兼职稽核员选取和确定													■	■										
		收集并确定横向标语板制作													■	■	■	■	■	■	■	■				
		整理制定横向问责一览表													■	■	■	■								
		编制推行各部门横向问责动作控制卡															■	■				■	■			
		组织开展横向问责培训及考试																					■	■		■

续表

项目	类别	实施方案	4月第1周	4月第2周	4月第3周	4月第4周	5月第1周	5月第2周	5月第3周	5月第4周	6月第1周	6月第2周	6月第3周	6月第4周	7月第1周	7月第2周	7月第3周	7月第4周	8月第1周	8月第2周	8月第3周	8月第4周	9月第1周	9月第2周	9月第3周	9月第4周
高执行力、高效率团队打造	横向问责推行	兼职稽核员选取和确定														■										
		横向问责的宣传造势															■									
		部门间横向问责 PK 方案确定及实施															■	■	■	■	■	■	■	■	■	■
		横向问责周总结会议的推行																■	■	■	■	■				
	三定卡推行	为推行三定卡宣传造势													■											
		三定卡培训计划执行及考试													■	■										
		工作日志填写及寻找定定规律														■	■	■								
		三定卡选取试点																■	■							
		编制及推行三定卡评比 PK 方案																	■	■	■	■	■	■	■	■
		编制三定卡填写动作控制卡以标准化和固化三定卡填写方式																	■	■	■	■	■	■	■	■
	绩效推行	确定各部门组织架构及流程编制													■	■	■	■								
		制定并确定各部门具体岗位的绩效考核指标																■	■	■	■					
		制定及确定绩效考核方案和数据收集方式																		■	■	■	■			
		绩效考核试点推行																					■	■		
		全面推行绩效考核制度																				■				■

续表

项目	类别	实施方案	4月 第1周	第2周	第3周	第4周	5月 第1周	第2周	第3周	第4周	6月 第1周	第2周	第3周	第4周	7月 第1周	第2周	第3周	第4周	8月 第1周	第2周	第3周	第4周	9月 第1周	第2周	第3周	第4周
		◆ 打造制造业文化、建立人力资源管理模式的框架，员工满意度提升，员工离职率降低																								
人力资源管理模式、环境及企业文化打造	宣传	在厂区内张挂管理变革宣传内容，振奋员工精神风貌	■	■																						
		建立车间生产达成推移看板						■	■																	
		建立管理变革宣传栏	■	■																						
	后勤	打造员工满意饭堂																								
		制定员工业余活动安排表，丰富员工业余文化生活						■	■	■	■															
		制定员工考勤管理制度并实施		■			■	■																		
	人事制度	制定员工招聘管理制度并实施														■	■									
		制定员工离职、调岗管理制度并实施															■									
		制定各部门定编管理制度并实施																■	■	■						
		制定绩效考核管理制度并实施																							■	■

续表

项目	类别	实施方案	4月第1周	4月第2周	4月第3周	4月第4周	5月第1周	5月第2周	5月第3周	5月第4周	6月第1周	6月第2周	6月第3周	6月第4周	7月第1周	7月第2周	7月第3周	7月第4周	8月第1周	8月第2周	8月第3周	8月第4周	9月第1周	9月第2周	9月第3周	9月第4周
		◆案例分析法：管理源于认同，认同源于接受。使用全员主角法，消除边缘化，让人成为中心，系统改造人际关系																								
组织四个场、调动气氛	赛场	制定目标军令状并推行																								
		制定车间、班组劳动竞赛方案并推行																								
		制定"星级员工"评选制度并推行																								
	心场	开展"总经理与员工面对面沟通会"的活动策划、组织和实施																								
		员工生日活动的策划、组织和实施																								
	会场	开展"管理变革案例会"的活动策划、组织和实施																								
		开展"案例分析会"的活动策划、组织和实施																								
	教场	组建管理学院，编制培训管理制度																								
		编制及实施欧博管理学院培训计划及进行考试																								
		管理变革月总结及评比活动																								

范例二：

表10-11　广州ZR制造业管理研究所管理升级8月工作总结、9月工作计划

制造业名称：中山MX毛纺厂

一、管理指标改善报告

被考核单位	数据指标项目	管理升级前	6月	7月	8月	总结时段 08月01~31日									数据统计单位	备注
						9月				10月					
						1周	2周	3周	4周	1周	2周	3周	4周		
销售部	销售目标达成率	无统计												财务部	
	货款回收及时率	无统计		81.7%	79.53%									财务部	
计划部	订单准时交率	无统计	59.5%	100%	100%									业务部	
	账、物、卡相符率	无统计		98.42%	99.18%									财务部	
采购部	采料验收合格率	无统计		94.25%	97.93%									品控部	
	外发加工合格率	无统计		76.38%	77.35%									品控部	
	采购准时交率													计划部	
生产部	生产计划达成率	无统计	65.3%	83.84%	89.69%									计划部	
	前整产量	无统计	54 866	40 321	42 298									计划部	
	后整产量	40 850	114 302	46 415	46 040									计划部	
	车间制程合格率	无统计		87.88%	92.71%									品控部	
	物料损耗率													计划部	
	生产部安全事故次数（直接损失超100元以上）													行政部	

续表

被考核单位	数据指标项目（月份）	管理升级前	6月	7月	8月	总结时段 9月 1周	2周	3周	4周	10月 1周	2周	3周	4周	数据统计单位	备注
技术部	样板准交率													业务部	
	技术资料提供不及时次数	无统计		16	17									计划部	
品控部	来料检验及时率													计划部	
	制程检验及时率	无统计												生产部	
	质量投诉次数	无统计		1	1									业务部	
行政	招聘达成率	无统计												行政部	
	人员流失率	无统计		3%	2.67%									行政部	
	安全事故次数（超100以上直接损失的事故）													行政部	
财务部	供应商付款及时率													采购部	
	工资发放及时率													行政部	
	工资错算人数													行政部	

制造业名称　中山MX毛织厂　　　　　总结时段　08月01~31日

制表：　　　　　各责任单位会签：　　　　　稽核专员：

续表

二、现阶段制造业主要问题点及解决方案

（一）现状描述

1. 后整成品产能不稳定偏低，影响客户交期。

2. 原因分析

①本厂产能负荷不足，80%外发，外发交期不能满足生产计划。

②外发员少，外发资源管理及开发跟不上工厂的需求。

③未建立良好的供需方合作关系。

④外发品质也得不到有效控制，造成本厂检验员变成外机检验员，增加本厂人工成本和人工工时，导致成品产能低下。

⑤外发体制仍然混乱，没有严格按外发控制卡流程作业。

3. 采取动作

①改变现有外发模式、重新修改外发流程，重组外发人员，人员到位以后立即全面展开。

②通过不同渠道开发外发资源，要求人员到位，人员编制由原来的 1 人增加到 3 人，并要求行政将人员迅速招聘到位或内部调整到位。

③外发由 3 人组成 3 种外发模式，1 人负责全配件外发及其他后整外发，一人负责织片外发，另一人负责缝盘外发，三管齐下定岗分工执行。

④外发员及外发品质必须紧密合作，针对外发品质、交期严格把控，并提供技术支援。

⑤外发生产计划由计划部统一下达，外发员没有按计划部计划执行外发计划。

4. 效果说明

①外发人员招聘中，同时计划内部做人员调整。争取 9 月 3 日前将人员调整到位，暂未取得达到预期效果。

②现有订单由计划部下达外发加工通知单给外发组执行外发计划。

③计划仍在进行中，预计 9 月才能达到预期效果。

续表

（二）人员职责及部门职能混乱、组织架构不清晰

1. 原因分析

①部门主管没有规划部门工作计划与人员工作权责，工作分工不明确，导致一件事多人做或没人做现象，工作执行不到位。

②人员调动没有异动审批表，重要岗位异动没有命令书，不按规定定制岗位，造成组织混乱。

2. 采取动作

①与部门负责人了解各部门人员配置及工作职责，同时重新岗定编。

②重新拟定工厂组织架构，同时拟定部门职能及岗位职责及部门规划。

③召开组织架构评审会议，达成共识，发行受控。

④同时稽核部门人员是否按各自岗位职责执行同岗工作重点。

3. 效果说明

①通过研讨已发行。

②部门主管已经清楚自己部门未来规划和各部门工作重点

三、本月管理升级主要实施的动作及效果

序号	实施动作	针对的问题	效果评估
1	建立仓库常用物料安全库存标准及标准采购周期	1. 常用物料没有备安全库存，导致急用时浪费采购时间 2. 因没有标准采购周期也未按周期采购，导致采购物料不能及时准交	1. 明确了标准安全库存以后，当仓库发现低于安全库存，根据采购周期及时填写请购单 2. 控制了常用物料短缺现象
2	重新拟定公司组织架构及各部门岗位职责	1. 部门主管无部门工作规划、部门人员岗位职责不明确 2. 工作分工不明确导致一件事多人做或没人做的现象，工作执行不到位	1. 8月31日正式发行 2. 各部门清楚了部门人员岗位职责及未来的部门人员规划

续表

序号	实施动作	针对的问题	效果评估
3	制定人员招聘计划及人员招聘周期表	多个重要工作岗位及人员短缺	解决部分员工招聘问题，管理人员及技术人员招聘渠道不明显，持续跟进
4	制定电机车间设备控制卡	针对电脑车间机器保养维护	已有保养记录，效果待跟进
5	重新讨论外发管理模式	外发商生产效率低，品质差，外发资源短缺，货发不出去等影响生产进度问题	模式已经拟定，待人员调整，9月继续推进
6	制定业务薪酬绩效考核模式	提升业务部门工作业绩	9月1日试运行。9月持续推进
7	生产计划日常管理	针对出货准交率提升	通过调整计划基本达成出货准交率，8月准交率100%

四、项目组面临的困难

项目组困惑点	解决预案
人员招聘难	1. 招1名有同行业人力资源的招聘专员 2. 发动内部员工介绍，并发布招聘广告和现场招聘等多渠道挖掘人才

五、本月重点工作计划

项次	解决问题	管理升级动作	完成时间	责任单位	责任人	指导老师
1	人员短缺	运行人员招聘计划，本月计划到岗人员，计划主管1名、外发员2名、IQC 1人、缝盘QC 1人、后整收发1人、稽核专员1人、招聘专员1人、缝盘工6人，成本会计1人	8月29~9月30日	行政部	危江湖	周柏平
2	岗位职责不清晰	研讨、培训、考试、定稿，试发行组织架构岗位职责	8月29~9月30日	各部门	各部门负责人	周柏平
3	内勤人员绩效管理	研讨、培训、考试、定稿，试发行内勤人员绩效考核方案	8月29~9月30日	各部门	各部门负责人	周柏平

续表

项次	解决问题	管理升级动作	完成时间	责任单位	责任人	指导老师
4	销售人员绩效管理	研讨、培训、考试、定稿、试运行销售人员绩效考核方案	8月29~9月30日	行政部	悠江湖	周柏平
5	外发管理	修改、研讨、考试、试运行外发加工控制卡	8月29~9月30日	采购部	龙志昌	周柏平
6	规范采购管理	修改、研讨、考试、试运行采购作业流程	8月29~9月30日	采购部	龙志昌	周柏平
7	物料控制	试运行物料请购控制卡	8月29~9月30日	计划部	龙志昌	周柏平
8	物料控制	修改、研讨、培训、考试、试运行仓库管理制度	8月29~9月30日	计划部	龙志昌	周柏平
9	异常处理	按会议管理制度执行异常案例分析会	8月29~9月30日	各部门	各部门负责人	周柏平
10	执行力提升	稽核管理（流程制度稽核、会议决议稽核、专项稽核、总经理要求的异常稽核等）	8月29~9月30日	总经办	悠江湖	周柏平
11	品质控制	试运行品质考核管理方案	8月29~9月30日	品质部	朱勇	周柏平
12	生产控制	试运行生产考核管理方案	8月29~9月30日	生产部	罗清	周柏平
13	开发管理	规范产品开发流程管理	8月29~9月30日	开发部	付义明	周柏平
14	销售管理	规范销售流程管理	8月29~9月30日	销售部	李爱军	周柏平
说明	项目任务责任人未按期完成，需申报总经理，否则按管理升级领导小组章程处罚实施处罚，无故未完成按10元/项处罚					

六、制造业总经理建议：

广州 ZR 制造业管理研究所

项目经理签名：

总经理签名：

范例三：

表10-12　行政部5月工作总结

一、月度目标达成率

序号	指标项目	目标值	实际值
1			
2			
3			
4			

二、月度目标未达成原因分析及改善策略

序号	未达成项目	原因分析	改善策略
1			
2			
3			
4			

三、月度计划工作达成状况

序号	工作事项	计划完成时间	实际完成时间	完成效果
1	建立办公室管理制度实施	5月	5月3日	在实施中
2	建立庆生管理制度	5月	5月3日	已举行一次庆生活动
3	建立优秀员工评选办法	5月	5月3日	已评选一次并给予表彰
4	制定 6S 管理制度	5月	5月13日	
5	行政部的日常工作			
6				

核准人：　　　审核人：　　　制订人：　　　制订日期：

表10-13　行政部6月工作计划

一、月度目标

序号	指标项目	目标值
1	安全事故次数	0 次
2	车辆违规次数	0 次
3	网络监控违规人次	0 人
4	后勤服务满意度	75%
5	后勤投诉次数	0 次

二、月度工作计划

序号	工作事项	计划完成时间	完成标准	需支持配合人
1	举办6月生日员工庆生会	6月15日前	见庆生活动	总裁办
2	全厂人员劳动合同的梳理及签订	6月20日	见各员工完善的劳动合同	
3	举办6月全厂早会	6月10日前	见全厂早会	
4	组织各部门6S检查、评比、改善	每周完成一次	见6S检查评比表	
5	制定饭堂装修方案	6月5日	见审批的方案	

三、工作困难点及需其他部门协助事项

核准人：　　　审核人：　　　制订人：　　　制订日期：

范例四：

一、总结

项目制造业名	WHJR 家具实业有限公司	总结时段	2020 年 10 月 21 日~11 月 30 日

表10-14　项目管理周总结与计划

（一）数据采集与分析

1. 订单准交率

月	升级前				升级后									
	3月	4月	5月	6月	1月	2月	3月	4月	5月	6月	7月	8月	9月	10月
数据	100.00%	100.00%	100.00%	100.00%	92.50%	100.00%	81.50%	84.20%	83.34%	81.43%	100.00%	100.00%	100.00%	
周数据	31 周	32 周	33 周	34 周	35 周	36 周	37 周	38 周	39 周	40 周	41 周	42 周	43 周	

分析：

对策：

2. 计划达成率

月	升级前				升级后									
	3月	4月	5月	6月	1月	2月	3月	4月	5月	6月	7月	8月	9月	10月
数据	54.30%	71.60%	63.00%	55.50%	63.30%	109.00%	46.00%	67.30%	82.80%	67.40%	63.55%	61.54%	76.27%	
周数据	31 周	32 周	33 周	34 周	35 周	36 周	37 周	38 周	39 周	40 周	41 周	42 周	43 周	

续表

分析：车间因空间问题，部分订单已生产但未包装入箱，未报产

对策：已要求后整车间只要包装入胶袋就要报产

3. 人员流失率

	升级前				升级后								
月	3月	4月	5月	6月	1月	2月	3月	4月	5月	6月	7月	8月	9月
数据	0.93%	1.87%	1.42%	0.47%	0.74%	0.90%	3.40%	0.97%	1.59%	1.13%	0.51%	1.12%	1.79%
周	31周	32周	33周	34周	35周	36周	37周	38周	39周	40周	41周	42周	43周
数据					0.92%	2.63%		1.30%	1.43%	2.10%			

分析：

对策：

4. 采购准交率

	升级前				升级后								
月	3月	4月	5月	6月	1月	2月	3月	4月	5月	6月	7月	8月	9月
数据	86.45%	71.40%	87.50%	100.00%	56.12%	49.50%	52.98%	60.40%	61.23%	62.50%	53.18%	89.07%	78.50%
周	31周	32周	33周	34周	35周	36周	37周	38周	39周	40周	41周	42周	43周
数据				100.00%	100.00%	25.00%	89.00%	100.00%	100.00%	100.00%			

分析：

续表

对策：

5. 账物准确率

月	升级前				升级后								
	3月	4月	5月	6月	1月	2月	3月	4月	5月	6月	7月	8月	9月
数据					95.00%	100.00%	100.00%	90.00%	85.00%	97.50%	97.50%	100.00%	100.00%
周	31周	32周	33周	34周	35周	36周	37周	38周	39周	40周	41周	42周	43周
数据	100.00%	100.00%	100.00%	100.00%	100.00%	100.00%	100.00%	100.00%	100.00%	100.00%			

分析：

对策：

6. 来料合格率

月	升级前				升级后								
	3月	4月	5月	6月	1月	2月	3月	4月	5月	6月	7月	8月	9月
数据	98.90%	98.50%	94.30%		94.88%	0.00%	0.00%	90.09%	97.28%	99.20%	99.30%	97.92%	98.41%
周	31周	32周	33周	34周	35周	36周	37周	38周	39周	40周	41周	42周	43周
数据					100.00%	100.00%	97.70%	100.00%	100.00%	100.00%			

分析：

对策：

7. 制程合格率

续表

	升级前				升级后								
月	3月	4月	5月	6月	1月	2月	3月	4月	5月	6月	7月	8月	9月
数据	99.50%	81.20%	80.10%		91.10%	0.00%	81.38%	89.02%	97.06%	98.83%	99.23%	83.02%	86.44%
周数	31周	32周	33周	34周	35周	36周	37周	38周	39周	40周	41周	42周	43周
数据					61.30%	87.80%	85.50%	90.85%	81.64%	60.00%			

分析:

对策:

8. 成品合格率

	升级前				升级后								
月	3月	4月	5月	6月	1月	2月	3月	4月	5月	6月	7月	8月	9月
数据	99.53%	92.30%	89.60%		0.00%	0.00%	95.00%	83.35%	96.28%	98.30%	98.37%	93.81%	94.75%
周数	31周	32周	33周	34周	35周	36周	37周	38周	39周	40周	41周	42周	43周
数据						100.00%	100.00%	79.00%	100.00%	100.00%			

分析:

对策:

9. 产能汇总

	升级前								升级后				
月	5月	11月	12月	1月	2月	3月	4月	5月	6月	7月	8月	9月	10月
数据	40 850	46 226	120 434	120 590	23 115	84 190	188 330	41 509	93 723	53 835	72 956	65 900	
周数	31周	32周	33周	34周	35周	36周	37周	38周	39周	40周	41周	42周	43周
数据	10 331	18 157	13 456	16 453	14 559	23 636	7 675	14 310	20 279	7 997			

分析：

对策：

（二）第 41 周工作计划完成情况

模块	实施动作	针对问题	责任部门/岗位	指导老师	计划完成目标	实际完成情况	未完成原因分析	改善措施
行政	绩效管理实施跟进与评估	绩效实施过程跟进与调整	麦坤娇	王成远	绩效公告	未完成	将数据统计发给相关责任人确认时，有部分考核人员对统计结果有疑问，正在核对	相关责任人限时对有疑问处尽快核对
生产	电脑机计件方案实施跟进与评估	计件方案实施问题与调整	单凤吾	王成远	工资核算表	已落实		
总经办	森马验厂模拟	客户供应商管理要求规范落实	刘桃	宾钢华	模拟验厂报告及整改通告	已完成		
行政	行政各项工作跟进、指导管理与落实	工厂行政管理工作落实不到位	麦坤娇	王成远	相关工作落实记录或表单	改善中		

续表

模块	实施动作	针对问题	责任部门/岗位	指导老师	计划完成目标	实际完成情况	未完成原因分析	改善措施
总经办	公司级会议组织参与及组织	各级管理人员管理思维及心态调整不到位	刘桃	王成远	会议记录	已完成		
总经办	策划订单制造成本控制激励方案	增强团队成本意识,逐步实现制造业与员工捆绑经营	岑培祥	王成远	订单制造成本激励方案文件	改善中		
稽核	流程稽核及专案会议落实与召开	工厂相关管理工作落实不到位	刘桃	王成远	稽核报告	已完成		
计划	计划与生产作业跟进与指导	计划及相关工作落实不到位	段金莲	宾钢华	会议记录或进度跟踪表单	改善中		

(三)现阶段制造业主要问题点及解决方案

(1)现状描述

①品控部QC人员工作积极性不高,不按目前制定的流程来做事

②行政工作统筹计划性差

(2)原因分析

①QC人员认为目前工资低,加班工资太低,工作太多太杂,很难招到合适人员

续表

②之前的行政主管已离职，目前还没有招到行政主管，暂由之前的行政专员麦坤娇代理

（3）采取动作

①对品质人员工作跟进与指导力度，从思想上改他们目前坏想法，尽可能多招一个后备人员，制定合适激励机制

②加大行政工作跟进与指导力度，有意识地培养替代人才，提升行政工作执行效率与开展进度

③通过公司会、专案会议及其他沟通方式指导相关岗位人员工作，并不断灌输工作理念，逐步调整相关人员的心态。同时营造一种良性的管理氛围，策划激励方案，激发团队工作积极性

（四）项目组面临的困难及解决方案

困难点	解决方案

二、42周工作计划

模块	实施动作	针对问题	达成目标	检查依据	责任部门/岗位	指导老师	实施时间							备注
							10月13日	10月14日	10月15日	10月16日	10月17日	10月18日	10月19日	
行政	绩效管理实施跟进与评估	绩效实施过程问题与调整	实施	绩效公告	麦坤娇	王成远		√	√	√	√	√	√	
生产	电脑机计件方案实施跟进与评估	计件方案实施问题与调整	实施	工资核算表	单凤吾	王成远		√	√	√	√	√	√	

续表

模块	实施动作	针对问题	达成目标	检查依据	责任部门/岗位	指导老师	实施时间							备注
							10月13日	10月14日	10月15日	10月16日	10月17日	10月18日	10月19日	
总经办	奏马验厂模拟	客户供应商管理要求规范落实	模拟验厂	整改事项跟进	刘桃	宾钢华			√	√	√	√	√	
行政	行政各项工作跟进、指导与落实	工厂行政管理工作落实不到位	相关工作落实活动落实	相关工作落实记录或表单	麦坤娇	王成远		√	√	√	√	√	√	
总经办	公司级会议参与及组织	各级管理人员管理思维及心态调整不到位	会议召开	会议记录	刘桃	王成远		√	√	√	√	√	√	
总经办	策划订单制造成本控制激励方案	增强团队成本意识、逐步实现企业与员工捆绑经营	研讨会议召开	订单制造成本激励方案文件	岑培祥	王成远		√	√	√	√	√	√	
稽核	流程稽核及专案会议落实与召开	工厂相关管理工作落实不到位	稽核工作落实及专案会议召开	稽核报告	刘桃	王成远		√	√	√	√	√	√	
计划	计划与生产作业跟进与指导	计划及相关工作落实与到位	订单作业进度达成落实	会议记录或进度跟踪表单	段金莲	宾钢华		√	√	√	√	√	√	

三、项目制造业总经理建议

ZY 项目组长签名：

WHJY 总经理签名：

范例五：

一、部门指标

表10-15　品管中心部周工作总结及下周工作计划

序号	指标项目	目标值		
1	原材料车间使用合格率（不含实木原材）	一分厂 98≤%	二分厂≤98%	三分厂≤98%
2	产品一次性加工合格率	一分厂≤90%	二分厂≤96.5%	三分厂≤95%
3	半成品试装合格率	一分厂≤95%	二分厂≤95%	三分厂≤95%
4	成品试装合格率	一分厂≤98%	二分厂≤98%	三分厂≤98%
5	成品抽查合格率		98≤%	
6	批量事故	一分厂 1次	二分厂 1次	三分厂 1次

二、周工作总结（时段：2020年11月18~24日）

（一）周目标达成状况

序号	指标项目	目标值	本周值	上周值	差异（本周—上周）
1	原材料车间使用合格率	≤98%	99.0%	99.5%	-0.5%
2	产品一次性加工合格率	一分厂≤90%	未统计	未统计	
		二分厂≤96.5%	91.8%	97.5%	-5.7%
		三分厂≤95%	90.2%	未统计	
3	半成品试装合格率	一分厂≤95%	100.0%	67.0%	-33.0%
		二分厂≤95%	100.0%	100.0%	0.0%
		三分厂≤95%	未统计	未统计	

续表

序号	指标项目	目标值	本周值	上周值	差异（本周~上周）
4	成品试装合格率	一分厂≤98%	100.0%	100.0%	0.0%
		二分厂≤98%	100.0%	100.0%	0.0%
		三分厂≤98%	未统计	未统计	
5	成品抽查合格率	≤98%	未统计	未统计	
6	批量事故	一分厂1次	2次	1次	+1次
		二分厂1次	2次	1次	+1次
		三分厂1次	未统计	未统计	

（二）未达成原因分析及改善措施

序号	未达成项目	原因分析	改善措施
1	二分厂产品一次性合格率目标未达成	面油工序油漆光泽度不够，木磨质量较差，组装7301餐椅错误	加强面油、木磨质量的检验及现场指导，提升两工序一次性加工合格率，7301餐椅让步放行
2	批量事故超标	一分厂成仓油漆部修色偏深，床头油磨砂穿严重，床头柜面油后颗粒严重	更换偏细的砂纸用干油磨，砂穿的先补色再喷面油，晾干房保持卫生清洁，避免灰尘滋生

（三）周计划工作达成状况

序号	工作事项	计划完成时间	实际完成时间	未完成原因
1	完成天赋木业大芯板全检工作	11月25日	11月24日	
2	完成名柜外协厂不合格床头柜再确认	11月22日	11月23日	
3	完成一分厂油漆部油磨砂纸的更换试用	11月23日	11月22日	
4	二三分厂大芯板贴皮测试	11月25日		测试中

续表

序号	工作事项	计划完成时间	实际完成时间	未完成原因
5	完成处理 6911 床不合格事故责任人处理追踪	11 月 23 日	11 月 22 日	
6	完成客诉 7502 餐边柜抽面抽底板安装槽不够宽处理事宜	11 月 25 日	11 月 23 日	
7	完成天猫及福瑞橡胶木老产品出货全检，客户退货全检	随时	随时	

三、下周工作计划（时段：2020 年 11 月 25~12 月 1 日）

序号	工作事项	计划完成时间	完成标准	需支持配合人
1	跟踪 7502 餐边柜 4 包申购补放玻璃层板	11 月 30 日	补放回包	蔡丽、秦厂长
2	跟进 3301 酒柜 20 包背板退仓返工质量	待定	返工后包装进仓	秦厂长
3	跟进二分厂 1502C 床高屏弧板修模及弧板返修情况	11 月 28 日	返修合格	秦厂长
4	跟踪一分厂成品仓油漆部质量改善工作	随时	产品合格	邹厂长
5	完成客户退货、投诉分析、出货全检及车间现场跟进	随时	按要求标准	邹厂长
6	跟进二、三分厂大芯板贴皮后油漆效果	11 月 27 日	评审通过	夏总 / 关总 / 分厂长
7	完成品管中心各项工作及领导交代的临时性工作	随时	根据要求	

四、工作困难点及需要其他部门协助的事项

序号	事　　项	需协助单位
实际 填写	1	处理二分厂 W7301 餐椅批量事故责任人及 1502C 床高屏问题责任人	秦厂长
	2	一分厂成品仓质量提升事宜	邹厂长

核准人：　　　　　　　　　　　制订人：　　　　　　　　　　　　制订日期：2020 年 11 月 24 日

10.2.2 没有按时完成项目进程表的进度，该怎么办

项目进度的控制，一是为了管理咨询公司分管项目的老板对项目进度做月度管控，二是为了咨询公司的项目总监要对项目进度做周管控。月度管控和周管控的依据是项目月计划和周计划。

比如，通过每月的项目计划（如范例一的表10-16中SF 2021年9月份精细化管理关键动作实施计划）和周计划（如范例二的表10-17中SF某周的精细化管理周任务书和范例三的表10-18稽核周任务书）分别来对项目做管控。

范例一：

表10-16 SF2021年9月份精细化管理关键动作实施计划

模块	序号	精细化项目管理内容	辅导老师	部门	责任人	开始时间	完成时间	标准化及目标
仓库管理	1	仓库标识、货架看板、备料看板安装及应用	郑实善	仓库	张文若	9月1日	9月30日	标识牌、看板
	2	仓库物料分类、整理、整顿标准化				9月1日	9月30日	现场整理
	3	系统做账账务改善、提升物料准确率				9月1日	9月30日	物料准确率
	4	组织及执行月盘点、盘点物料准确性数据输出		财务	杨文泽	9月1日	9月30日	盘点物料的准确性
	5	成品出入库作业流程第一次考试		总经办	吴海平	9月1日	9月30日	成品出入库作业流程
	6	仓库退换、补料作业流程第二次考试				9月1日	9月30日	仓库退换、补料作业流程
人力资源管理	1	流程制度下放及招聘及时率	郑实善	人事行政部	甘秀敏	9月1日	9月30日	目录
	2	跟进部门人员需求报及招聘及时率				9月1日	9月30日	招聘及时率

续表

模块	序号	精细化项目管理内容	辅导老师	部门	责任人	开始时间	完成时间	标准化及目标
PMC管理	1	检讨外协管控作业流程的执行情况，梳理外协商的产能负荷对公司发展战略存在的问题，由外协部提出改善对策和方法，召开会议，形成改善方案，并执行	江河混	外协部	陈媚	9月1日	9月30日	外协计划达成率
	2	编制拉动式后道车间周生产计划，推动后道生产计划的落实，检讨生产计划未完成原因，召开改善会议，制定改善方案，并落实到相关部门			刘魄磊	9月1日	9月30日	计划达成率
	3	重新启动生产协调会的召开，跟进月计划、周计划的生产进度，检讨车间与外协未及时完成生产计划的原因，提出计划调整方案，完成当月的生产目标		PMC部		9月1日	9月30日	生产计划达成率
	4	检讨物料请购作业流程的执行情况，梳理物料请购过程中存在的问题，分析产生问题的原因，召开改善会议，制定相应的改善方案，并落实到相关责任人			黄单	9月1日	9月30日	采购物料准交率
采购管理	1	组织采购员学习采购管控作业流程	江海静	采购部	张红菲	9月1日	9月30日	
	2	采购管控作业流程考试				9月1日	9月30日	考试成绩公布单

续表

模块	序号	精细化项目管理内容	辅导老师	部门	责任人	开始时间	完成时间	标准化及目标
后道车间管理	1	半成品仓盘点、提交盘点表	江海静	后道车间	邱武	9月1日	9月30日	账物卡准确率
	2	继续组织学习半成品管控作业流程				9月1日	9月30日	
	3	半成品管控作业流程考试				9月1日	9月30日	考试成绩公布单
品质管理	1	客户投诉处理流程、返工作业流程考试	周贤	品质部	项怡笑	9月1日	9月30日	
	2	品质周报、品质月报的建立、品质数据分析、改进				9月1日	9月30日	品质月报
	3	品质周例会的召开				9月1日	9月30日	会议通知签到表、会议记录表
	4	品质流程、品质检验标准等品质文件的持续建立和完善				9月1日	9月30日	呈现品质文件
稽核管理	1	稽核周报的完善、稽核月报的建立	周贤	稽核办	姜武付	9月1日	9月30日	稽核月报
	2	会议决议、精细化管理任务、流程、制度的持续稽核				9月1日	9月30日	稽核记录
	3	每周两次专项稽核报告上报给总经理				9月1日	9月30日	专项稽核报告
	4	每月至少导两次案例分析改进、激励会议				9月1日	9月30日	会议通知签到表、会议记录表

JH企管项目负责人：   制造业方负责人确认：

范例二：

表10-17　精细化管理周任务书
（2021年7月31~8月6日）

项次	项目内容	负责部门	责任人	完成期限	责任人签名
1	仓库区域划线	仓库	田丽燕	8月2日	
2	前道和后道车间划线	人事行政部	施秀琴	8月2日	
3	组织并执行月度盘点	财务部	杨文选	8月6日	
4	继续推动拉动式生产计划的落实与完善，制订并更新下周后道周生产计划排程，将经评审后的生产计划，交总经理批准后，分发至各部门执行	PMC部	刘军	8月3日	
5	召开拉动式生产计划对单会，检讨单产品生产过程中出现异常的原因，对影响交期的部门进行追责，对按时完成的订单产品提出奖励并通报	PMC部	刘军	8月3日	
6	检讨单产品计划对单情况，分析影响订单交期物料配套问题产生的原因，召开物料分析改善会，对责任人进行追责，对按时完成的责任人提出奖励，并通报	PMC部物控	黄丹	8月3日	
7	召开研讨会研讨面料检验验收标准、拉链检验验收标准、魔术贴检验标准、织带检验验收标准	品质部	项笑卿	8月3日	
8	品质部要求责任单位（含供应商、加工厂和内部责任部门）至少回复3份品质异常原因分析，改善对策给总经理确认	品质部	项笑卿	8月3日	

JH制造业管理咨询有限公司　　　　　　　　SF反光服饰有限公司

项目组长：　　　　　日期：　　年　月　日　　总经理：　　　　日期：　　年　月　日

范例三：

表10-18　稽核周任务书

（2021年4月17~23日）

项次	项目	稽核内容
1	精细化管理任务执行稽核	1. 稽核精细化管理任务的完成情况并在周例会汇报； 2. 未按时完成且未提前书面延期申请向总经理申请同意，按管理变革领导小组管理制度处理责任人乐捐10元/项
2	部门周工作计划总结准时提交稽核	1. 各部门周总结工作计划按时提交情况； 2. 未按时提交或未提交，按管理变革领导小组管理制度处理责任人乐捐5元/项
3	生产协调会决议稽核	1. 稽核生产协调会会议决议执行情况； 2. 未按时完成或未提前向主持人申请延期，按会议管理制度处理责任人乐捐5元/项
4	管理周例会决议稽核	1. 管理周例会会议决议执行情况； 2. 未按时完成或未提前向主持人申请延期，按会议管理制度处理责任人乐捐5元/项
5	仓库收料作业流程执行稽核	1. 按照仓库收料作业流程、仓库收料作业流程稽核检查标准检查； 2. 每周在周例会汇报制度稽核跟踪表
6	仓库领（备）料作业流程执行稽核	1. 按照仓库领备料作业流程、仓库领备料作业流程稽核检查标准检查； 2. 每周在周例会汇报制度稽核跟踪表
7	来料检验作业流程执行稽核	1. 按照来料检验作业流程稽查检查标准执行稽核； 2. 每周在周例会汇报制度稽核跟踪表
8	品质异常处理控制卡执行稽核	1. 按品质异常处理控制卡稽查检查标准执行稽核； 2. 每周在周例会汇报制度稽核跟踪表
签发	总经理： 　　年　　月　　日	签收　稽核办主任： 　　年　　月　　日

　　月度管控和周管控，严格来讲，制造业最终是应该通过月（周）会议质询来完成项目进度管控的。这才是真正有效的管控进度的重要方式。但一般的民营制造业，起初，能把每周的管理周例会开好，落到实处了，就很好了。

　　做法是由制造业总经理主导各部门检讨上月（周）完成情况，安排下月（周）计划。月（或周）管理会议流程如下：

（1）上月（周）达成业绩汇报、通报；

（2）上月（周）未达成业绩的原因分析、对策、责任人、再次完成时间及责任承诺汇报、通报；

（3）下月（周）重点工作计划（主要是建设性的工作计划和改善性的工作计划，一定要含有责任人、完成时间和责任承诺）。

某制造企业 SF 每周精细化管理周例会会议议程范例如下：

精细化管理周例会议程

一、时间：周一 9：00 开始

二、地点：会议室

三、主持人：沈秀敏

四、记录人：孟华玲

五、参会人员：精细化管理执行小组成员及项目组老师

六、内容：

1.各部门负责人做上周工作总结和本周工作计划汇报。可以向会议主持人申请会议决议；

2.总经理点评工作、安排工作、指导工作。必要时配备资源给各部门去完成生产任务。可以做会议决议；

3.老师点评工作、指导工作、安排工作。可以做会议决议。

七、会议进程（表 10-19）：

表10-19　会议进程表

序号	时限（分钟）	内容	负责人
1		主持人通报与会人员到场情况，并宣布会议纪律	
2		上次会议决议的完成情况	
3		稽核主任做周总结、周计划汇报	
4		外贸主管做周总结、周计划汇报	
5		内销主管做周总结、周计划汇报	
6		技术主管做周总结、周计划汇报	
7		计划主管做周总结、周计划汇报	

续表

序号	时限（分钟）	内容	负责人
8		采购主管做周总结、周计划汇报	
9		前道主管做周总结、周计划汇报	
10		后道主管做周总结、周计划汇报	
11		品管主管做周总结、周计划汇报	
12		人事行政主管做周总结、周计划汇报	
13		财务主管做周总结、周计划汇报	
14		各部门负责人可以提请会议决议做补充发言	
15		总经理协调（必要时配备资源）。可以做会议决议	
16		老师指导工作。可以做会议决议	
17		项目组长下达精细化项目管理任务书	
18		记录人宣布本次会议决议、违规情况	
19		其他人员如果没有问题，会议结束	
总时间		分钟	

以上"精细化管理周例会议程"参照《会议管理制度》第五条、管理办法：

（1）会议迟到10分钟以内的，乐捐5元/次；超过10分钟的，乐捐10元/次；超过10分钟或旷会的，乐捐20元/次；会议超时，乐捐主持人5元/次（若因特殊状况会议需延时、会议主持人需提前向参会者进行申请，经大家一致同意后方可延时，延时时间不允许≥10分钟）；

（2）未经会议主持人同意私自早退者，乐捐10元/次；

（3）未按期完成会议决议且未提前向主持人申请或申请未得到主持人同意的，每逾期1个工作日内，乐捐5元/项，超过一个工作日的，乐捐10元/项；

（4）会议记录人未在会后24小时内完成会议决议的文字记录、决议并呈报主持人确认后分发至相关部门的，乐捐5元/次；

（5）会议期间手机铃声响乐捐 5 元，在会场接听电话的乐捐 10 元/次；

（6）会议主持人不得擅自调整例会时间，否则乐捐主持人 20 元/次，更不得擅自取消例会，否则乐捐主持人 20 元/次，特殊情况不能召开例会的，须经主持人的上级同意方可调整或取消；

（7）在会议上有骂人、拍桌子、扔物品、中途恶意离场及其他严重扰乱会议秩序行为的，视情节轻重处以乐捐 50~200 元/次。

（8）违反其他会议规定（纪律）或未履行相关职责的，乐捐 10 元/次。

（9）所有乐捐全部统一纳入公司员工福利/成长基金，用于员工福利支出。

JH 驻 SF 项目组制

2021-01-23

下面是关于制造企业 LK 周质询会议流程和制造企业 HY 生产部周质询报告，现展示如下。

LK 周质询会议流程

一、宣布纪律

检查官

会议开始

宣读会议纪律

二、本周水果基金

公布本周结果定义执行情况

水果基金情况

三、周结果质询

检察官：（发言）

请生产部汇报本周重点结果定义完成情况

张洪平：（发言）

我的上周重点结果定义共 3 项

完成的有 1 项，分别是……

未完成的有 2 项，分别是……；原因是……，改进措施是……

检察官：（发言）

请陈立志质询

陈立志质询：

未完成的结果定义，什么时候完成？再完成不了，怎么办？

张洪平：（如有必要，简短回应）

陈立志：质询完毕

四、周计划质询

检察官

请生产部汇报下周重点结果定义

张洪平：我的下周重点结果定义共 3 项，分别是……

检察官：请陈立志质询

陈立志质询：这些分别什么时间完成？你如何向某某部门做结果？

张洪平：（如有必要，简短回应）

陈立志：质询完毕

下一位质询者开始质询

五、会议结束

检察官

与质询双方确认结果定义和水果基金惩罚情况

宣布会议结束

HY 生产部周质询报告

会议时间：2021 年 6 月 17 日（15：30~17：30）

出 席 人：蔡厂、吴望周、祝青元、李如国、陈少波、蔡妃琚、廖其勇、生产部第三方助理王秋嫦

会议地点：恒艺公司培训室

会议主持人：生产部第三方助理王秋嫦

会议记录人：生产部第三方助理王秋嫦

会议开始由生产部第三方助理王秋嫦宣读了会议纪律、带领质询人及所有被质询人进行了质询会前宣誓并宣布了质询的顺序。

先由生产部第三方助理王秋嫦对上星期 YCYA 指令表（表10-20）进行确认。

表10-20　YCYA跟踪表

指令发出人	指令	指令发出时间	承诺人	Y 承诺	C 承诺检查时间	Y 完成汇报	A 奖惩兑现	执行状态
蔡厂	请廖其勇编压薄料操作流程	2008年5月13日 15：45	廖其勇	6月15日完成，自我承诺10元水果基金	6月15日	6月15日		完成

而后质询会进行了周结果周计划的质询，质询由蔡厂对吴望周、祝青元、廖其勇、李如国、陈少波、蔡妃琚、进行质询。

以下是周结果周计划质询的情况。

1.被质询方：吴望周

（1）周结果4项，3项未完成，订单安排生产，本周所列内销单生产完毕，A0804031 订间实际未完成，确保外加工厂能按计划进行，但20X40管未在承诺时间回来，未完成，A0804014 订单书写错误，应是 A0804013，实际未完成。

（2）蔡厂长对吴望周的周计划基本认可，重点安排这里需量化，完成多少需定量。对于两项出货计划，对订单了解不具体，需加深了解。要求重新修改周计划，6月18日18：00前提交。

2.被质询方：祝青元

（1）周结果1项，未完成，需上交20元水果基金，并指出现在机械设备、模具、焊接工艺等都需要改进。

（2）蔡厂长对祝青元的周计划表示基本认可，但现在车间弯管很多，需加强技术，重新修改周计划并在 6 月 18 日 18：00 前提交。

3. 被质询方：廖其勇

（1）周结果两项未完成，车间卫生不理想，一些东西需分类摆放，定期清理。

（2）周计划第一项基本认可，保证轧机 / 退火炉正常运作，包括哪些方面（质量、机械设备），修改结果定义，并在 6 月 18 日 18：00 前提交。

4. 被质询方：李如国

（1）周结果三项，第一项未完成。第二项满意，第三项基本认可。

（2）蔡厂长对李如国的周计划表示满意。

5. 被质询方：陈少波

（1）周结果完成，蔡厂长表示满意。

（2）蔡厂长对陈少波的周计划表示满意。

6. 被质询方：蔡妃琚

（1）周结一项，完成，蔡厂长表示基本认可并指出对新进员工熟悉环境，机械设备、规章制度、内部制度等随时跟进。

（2）周计划表示基本认可，长度测量仪最终结果需添加在周计划中，是能用还是不能用？明确结果，重新修改周计划，并在 6 月 18 日 18：00 前提交。

质询完毕，生产部第三方助理对质询会上蔡厂长指出的建议与各位被质询人员进行确认。

周结果周计划质询结束，蔡厂长对质询会进行总结：作为一个部门的管理人员，要能够掌握本部门的重要信息与本周的工作重点，但是周结果、周计划未体现，做了什么就写什么，如实地反馈出来。

周质询会在 17：30 结束。

HY 生产部第三方

2021-06-18

10.2.3　项目的质量，在各环节中的把控

项目进度和质量的管控，其实是一体的，或者分不开的。项目质量最终的认可，是通过制造业颁发给咨询公司的锦旗或牌匾和老师的感谢信、顾问聘书作为依据的。

项目质量在各环节中的把控，就是项目过程质量的管控。项目过程质量的管控，主要是通过由咨询公司老板每周主导的项目管控会、由咨询公司项目经理每周主持的项目检讨会和由制造业老板主持的管理周例会来实现的。

项目管控会流程：咨询项目培训、咨询项目评审、项目总结点评；

项目检讨会流程：上周项目阻碍清除效果通报、本周项目阻碍通报、达成阻碍清除计划共识；

管理周例会流程：主要是通过每个部门的"周总结和计划"表格工具来评审实现。

首先是上周任务完成总结，对未按时完成的任务，责任人兑现承诺，表示承担责任；其次是下周重要任务安排，对未按时完成的任务，责任人应该在周总结计划里明确承担什么样的责任。承担责任最好的方式是自己承诺责任。一般称为"自我承诺"。到了下一周，对于未按时完成的任务，务必按照计划里约定的"自我承诺"去兑现。该配合的部门人员，没有做到，也要承担责任。

一个月统计下来，按时完成率高的、相关配合率高的部门，企业应予以正面激励。最终是以总的指标领导满意度和部门满意度。

针对项目管理的质量和进度，每个月项目管理公司要求企业老板对每个顾问和项目组提出合理的意见、建议或评价。具体针对项目提出意见、建议或评价的工具，见表 10-21 项目辅导客户月度评价单，以便后续项目

和顾问改进。

表10-21　项目辅导客户月度评价单
评价月份：

一、服务制造业基本信息

公司名称		辅导日期		
制造业负责人		电话		QQ/ 微信
所属行业		主营业务		年营业额
公司地址		员工总数		成立日期

二、项目辅导成果

三、辅导成效评价

评价人：　　　　　　　　　　　　　评价日期：

　　既要重视数据考核，又要重视其他的配套跟上。如果数据不真实，或只重视自己部门的业绩而不管其他部门的业绩，或者不重视自身其他方面的改善，是不会产生真正管理效果的。真正的管理效果，是要做好一个系统工程，各个方面都要做好。

10.3　激励改善

　　激励和改善，是管理的重要举措，两者缺一不可，不可偏废。

10.3.1　要按照约定好的激励内容去兑现

　　大多数情况是：有检查，才会行动；有激励，才有动力。动力，是很重要的。如果一个人做事，没有动力，就算他会做，他不想做或者没有意愿去做，也没有用的。

因此，事前的激励内容约定，非常重要。领导不要单向给下属制定激励内容，一定要和下属一起商定出合理的激励内容，激励的内容得让他有干劲，才是好的激励政策。

因为大家都愿意为自己而干，不愿意为别人而干！如果上面确定的激励内容，只是对公司或领导有利，对部属不利，部属就没有士气。

既然是事前约定好的激励条款，事后一定要按照事前约定好的激励条款去兑现，否则，如果一个制造企业没有诚信，那就是最大的危机。现在很多人和制造企业不讲诚信，这是非常糟糕的。比如，不少制造企业老板月前同意定好的计件制，一个月计件后，发现工人的收入变高了，老板就不同意按照先前定好的计件制发工资了。诚信是人的第二生命。俗话说：人而无信，不知其可也。

10.3.2　改善的几个简单方法

改善的思路，一般是这样的：

（1）对现状进行说明，详细描述存在的问题及问题所造成的不良影响；

（2）对产生问题的原因进行分析，并找出主要关键影响因素；

（3）针对存在问题的原因及关键影响因素，提出改善方法；

（4）做出改善前后对照表，就改善前存在的问题及改善后的效果进行比较说明，给人信心，促进后续改善。

改善的环节，一般分为事前改善、事中改善和事后改善。

事前的改善，我们要多做。能预测出问题的，我们做事前改善；实在预测不出问题的，我们赶紧事中调整和事后检讨。针对改善内容的占比，一般为：事前的改善对象占比70%，事中的改善对象占比20%，事后的改善对象占比10%。能踏实做好这三个环节的改善，制造业的问题就会越来越少。改善越来越好的表现是：事前改善占比越来越大，事中和事后的改善占比越来越小。

改善的方法，一般采用鱼骨图法、5Why分析法和攻关综合方法。

对于中小民营制造业，不采用QC七大手法、IE七大手法等改善方法或工具，一般也先不提倡采用 8D 报告分析改善或品管圈综合手法。能把鱼骨图法、5Why 分析法和攻关方案运用得淋漓尽致就不错。

鱼骨图，又称鱼刺图、树枝图、因果图和特性要因图。它的用法主要是围绕人、机、料、法、环、设计、管理等因素去分析品质不良、效率低落的原因。

5Why 分析法，主要是将问题的根本原因找出来，才能真正解决问题。可惜，我们很多制造企业的管理人员缺乏这种追根究底的精神去找出根本原因，导致问题反复地发生。

"品管圈"（Quality Control Circle，QCC）是指一工作现场的人员自动自发地进行品质控制活动所组成的小组。品管圈的特点有：①品管圈是制造企业品质控制活动的一环；②通过品管圈活动可以不断地进行改善工作效果，提高工作效率；③品管圈需要员工自发组成，不能强迫参与。

一般采用攻关综合方法来解决。下面示范一些项目制造企业的攻关章程、计划、方案、总结等共计 11 个范例以供参考。

范例一：

品质攻关小组运作章程

1. 目的

为了完善公司品质管理，通过品质攻关的形式解决影响公司产品品质的瓶颈点，从而最终达到提升产品品质的目的。

2. 范围

×××有限公司所有产品品质问题的攻关。

3. 攻关小组成员及职责

顾问：周柏平；

组长：总经理陆克军；

副组长：生产经理李立春；

组员：业务经理周继斌、生产主管杨金洲、生产班长闫培培、生产班长奉喜后、包装班长周桂霞、包装班长叶萍、工艺主管余兆林、工艺员李鹏、工艺员向顺国、设备班长刘玉泉；

顾问：攻关过程辅导；

组长：负责为攻关小组的立项把握方向并为项目攻关所需的资源提供支持；

副组长：负责品质攻关小组的全面管理工作，攻关项目的立项以及攻关项目的进度掌控；

组员：负责按品质攻关计划分工又合作执行具体的工作任务。

4. 具体运作

4.1 副组长每周拟定下周的品质攻关项目及计划，安排各组员的具体工作，经小组会议讨论后实施；

4.2 各组员按计划执行相应的具体攻关事项，有异常寻求相关人员的协助；

4.3 各组员应在规定时间内完成所分配的攻关任务，交组长审核；

4.4 副组长审核后组织召开小组评审会，经评审合格后，交由相关责任单位执行；评审不合格的，责令责任人进行相应的修正；

4.5 每周五 14：30 召开小组会议，总结、检查工作任务完成情况，并确定调整改进措施；

4.6 若攻关成员在实施过程中有不能按期完成任务的情况，须提前 24 小时告知攻关组长，以便检讨调整改进方案。

5. 管理约定

5.1 在规定时间内完成品质项目攻关并取得实施效果的，奖励小组 200~1 000 元/项；

5.2 各组员未按计划完成任务且又未提出申请的，处以责任人向员工基金捐款 10 元/项；

5.3 攻关小组副组长未按规定时间立项并制定实施计划的，处以组长向员工基金捐款 50 元/次；

5.4 违背本章程的其他行为，一律处以责任人向员工基金捐款 20 元/次。

6. 本章程从颁布之日起生效。

范例二：

表10-22　品质攻关小组活动计划表

攻关小组名称：<u>模切压力攻关小组</u>　　　攻关小组编码：<u>MKQA080502</u>

课题名称：<u>减少批量模切压力不稳定发生</u>　活动时段：2021 年 <u>5</u> 月 <u>10</u> 日至 2021 年 <u>7</u> 月 <u>10</u> 日

组长：<u>高喜杰</u>　　组员：<u>付代斌　陈志华　王首到　孙敬敬　张芳　阮荣波　章勇</u>

序号	活动内容	负责人	协助人	跟进人	完成时限	确认记录
1	攻关小组成立首次会议	高喜杰		吴总	5月13日	
2	人员分工及活动计划	高喜杰		吴总		
3	现状统计分析					
4	原因分析	高喜杰		吴总		
5	改善措施	高喜杰	陈志华/王首到	吴总		
6	选定的产品/工序/机台					
7	改善落实					
8	改善落实跟进					
9	改善统计分析					
10	改善检讨及改善措施修正					
11	改善措施再实施					
12	对比分析及总结报告					
13	改善措施推广					
14	改善推广跟进					
15	改善推广统计分析					
16	总结报告小组讨论					
17	成果发布					
18						
19						
20						
21						
22						
23						
24						
批准		审核			制订	

范例三：

WJW 公司品质攻关竞赛方案

1. 目的

通过品质攻关活动的展开，进一步检验我们员工队伍的素质，检验各车间、各小组的工作质量及业绩，以竞赛促进品质提升、促管理、促发展，推进积极的制造企业文化，营造向优秀看齐，力争上游的工作氛围。

2. 范围

2.1 广州市 WJW 汽车精品有限公司各生产部门、品质部门、各执行小组及个人。

2.2 实施团队 PK 的小组是：车缝部 19 个小组、裁床部 4 个区域。

2.3 实施个人 PK 的是：裁床部各裁工、品管部各质检员。

3. 活动组织：

3.1 成立 WJW 品质攻关领导小组：

顾 问 组：崔总　项目组老师

总 指 挥：甘显荣

组　　　长：罗和正　唐林斌　李仁斌　马　泉　范俊华　郭　强
张启飞　谢耀华　刘贵春　周泽亿　王郁华

执行组长：时福涛　刘　英　匡金容　高小芳　黄洪威　易延书
雷良平　薛　梅　罗卫华　周泽全　万鲜花　罗成建
彭正春　蔡广华　范芳芳　唐　娇　李申淦　余　飞
周泽全　朱　翠

3.2 成立 WJW 品质攻关监察小组：

顾问组：项目组老师

组　　长：罗兵

成　　员：稽核专员、复检小组成员

4. 品质攻关领导小组权责：

4.1 负责制定品质攻关活动规则；

4.2 组织品质攻关的有序进行；

4.3 保证品质攻关的顺利开展；

4.4 坚持公平、公正、公开的比赛原则。

5. 品质攻关监察小组的权责：

5.1 监督整个活动的公平、公正的运行；

5.2 处理员工投诉事项，追究相关责任；

5.3 负责每天品质攻关活动的监察；

5.4 负责每天对车缝 QC 所检验的产品进行二次检验。

6. 品质攻关方案实施细则：

6.1 参赛单位：裁床部、车缝部、品管部生产小组及个人。

6.2 活动时间

2021 年 1 月 8 日 00：00 至 2021 年 6 月 30 日 24：00

6.3 职责

6.3.1 总指挥：负责公司资源整合、统筹与整体协调工作。

6.3.2 组长：负责协助总指挥资源整合、统筹与整体协调工作，对方案的执行效果负主要领导责任。

6.3.3 执行组长：负责本方案的执行和宣导，对方案的执行效果负直接责任。

6.3.4 厂长办：负责本方案实施的申请、宣导工作，每天品质数据统计，并于每周一 18：00 前和每月 3 日 18：00 前数据汇总，车间主任负责审核统计结果并签名确认。

6.3.5 销售客服部负责各车间、各小组生产任务的下达和跟进。

6.3.6 物控部负责各车间各组每天物料准备、物料采购跟进、物料异常处理，确保物料正常。

6.3.7 刺绣仓仓管员负责每天刺绣工作的跟进与协调，确保刺绣不影响裁床部正常运作。

6.3.8 品管部负责每周一 18：00 前和每月 3 日 18：00 前对各赛小组或个人品质返工率情况的统计。

6.3.9 IE 部负责对产品工序、工艺进行改善：设计合理的工装夹量具，提高生产效率和品质。

6.3.10 采购部负责原材料的采购，确保生产的正常运行。

6.3.11 技术部保证技术资料的完整性、及时性，及生产运行中提供技术支持。

6.3.12 车缝部调度员每天对生产小组换线不低于两次。

6.3.13 稽核中心负责对本方案的执行情况进行监督和涉及数据的真实性进行稽核。

6.3.14 人力资源部负责 PK 流动红旗的设计、制作和管理，每周三早会、每月 6 日前奖励金额的申请和发放，每周四 18：00 前和每月 6 日 18：00 前对评比结果进行宣传公布。

6.3.15 总裁负责批准本方案（表 10-23）。

表10-23　具体方案

起止时间	步骤及重点事项	目的	考核指标	责任人	奖惩机制
责任部门：采购部　工作主题：供应商与采购标准化的建立					
1月9日8点至1月14日15点	梳理、起草、研讨、试运行供应商管理程序	规范供应商管理机制，明确供应商管理的标准、制约和责任	完成供应商管理程序受控下发和运行	张启飞	每延迟一小时乐捐5元
1月9日8点至1月17日18点	建立、健全采购作业流程控制卡	规范采购作业流程控制卡，明确采购管理的标准、制约和责任	完成采购作业流程控制卡受控下发和运行	张启飞	每延迟一小时乐捐5元
1月9日8点至1月22日18点	起草、研讨、试运行采购周期评审周期一览表	建立采购周期评审机制，明确采购周期评审的标准、制约和责任	完成采购周期评审管理制度和采购周期一览表受控下发和运行	张启飞	每延迟一小时乐捐5元
责任部门：集团研发中心技术部　工作主题：研发中心工艺技术标准化管控机制的建立					
1月9日8点至3月17日18点	梳理、起草、研讨、试运行新花实物移交作业流程控制卡	规范集团研发中心技术部工艺技术标准的输出机制，明确新花实物移交作业流程的标准、制约和责任	完成新花实物移交作业流程控制卡受控下发和运行	范俊华	每延迟一小时乐捐5元
1月9日8点至3月17日18点	建立、健全工艺变更作业流程控制卡	规范集团研发中心技术部工艺技术资料输出机制，明确工艺变更机制的标准、制约和责任	完成工艺变更作业流程控制卡受控下发和运行	范俊华	每延迟一小时乐捐5元
责任部门：集团研发中心IE部　工作主题：IE部对生产工艺技术的现场改善					
1月9日8点至3月28日18点	起草、研讨、试运行工艺改善流程控制卡	建立工艺改善机制，明确工艺改善机制的标准、制约和责任	完成工艺改善流程控制卡受控下发和运行	范俊华	每延迟一小时乐捐5元
3月1日8点开始	开展工艺技术改善提案活动	持续改善产品工序，提高品质，优化生产成本	每月完成1项提案，经工艺改善小组集体评估合格	范俊华	每延迟一小时乐捐5元

续表

起止时间	步骤及重点事项	目的	考核指标	责任人	奖惩机制
1月9日8点至4月25日18点	制定新的生产模式的方案	缩短生产周期，降低在制品库存	集体探讨并通过	范俊华	每延迟一小时乐捐5元
3月1日8点开始	开展生产异常（人、机、物、法、环）改善活动	改善生产过程中的重大异常状况，保证生产的顺利进行	生产异常通知单的及时处理、跟踪、解决	范俊华	每延迟一小时乐捐5元
责任部门：工厂技术部；工作主题：承接集团技术部技术资料标准的输入，完善样板管理和监督机制，履行现场技术支持的职能					
1月9日8点至1月17日18点	建立、健全样板管理制度	规范样板管理机制，明确样板管理的标准，制约和责任	完成样板管理制度的下发并运行	郭强	每延迟一小时乐捐5元
1月9日8点至1月18日18点	起草、研讨、试运行样板盘点管理控制卡	规范样板监督机制，明确样板盘点管理的标准和责任	完成样板盘点管理控制卡的受控、下发并运行	郭强	每延迟一小时乐捐5元
1月9日8点至1月20日18点	优化、固化样板收发三要素控制卡	规范样板收发的管理标准，明确样板收发三要素的管理标准，制约和责任	完成样板收发三要素控制卡的受控、下发并运行	郭强	每延迟一小时乐捐5元
1月15日8点至3月15日18点	起草、研讨、试运行样板名称与编号管理控制卡	建立样板名称与编号管理机制，明确样板名称与编号管理的标准，制约和责任	完成样板名称与编号管理控制卡的受控、下发并运行	郭强	每延迟一小时乐捐5元
1月25日8点至2月25日18点	起草、研讨、试运行目录与电脑工艺技正管理三要素控制卡	建立目录与电脑工艺技正管理机制，明确目录工艺技正管理的标准，制约和责任	完成目录工艺技正与电脑工艺技正三要素控制卡的受控、下发并运行	郭强	每延迟一小时乐捐5元
2月20日8点至2月28日18点	起草、研讨、试运行无工艺说明车型及多位车型技术指导三要素控制卡	建立无工艺说明车型及多位车型技术指导管理机制，明确无工艺说明车型及多位车型技术指导管理的标准，制约和责任	完成无工艺说明车型及多位车型技术指导三要素控制卡的受控、下发并运行	郭强	不按规定执行乐捐10元/次

续表

起止时间	步骤及重点事项	目的	考核指标	责任人	奖惩机制
2月20日8点开始	开展工艺技术案例培训	每月一次，培训员工技能，改善品质	培训签到记录，培训考核记录	郭强	每延迟一小时乐捐5元
责任部门：人力资源部　工作主题：建立、健全5S管理机制，改善品质					
1月9日8点至3月1日18点	起草、研讨、试运行5S管理制度	建立、健全5S管理机制，明确5S管理的标准、制约和责任	完成5S管理制度的受控下发并运行	王郁华	每延迟一小时乐捐5元
责任部门：品管部　工作主题：品质管控与标准化的建立、健全					
1月9日8点至1月12日18点	优化、固化来料检验作业流程三要素控制卡	规范来料检验管理机制，明确来料检验管理的标准、制约和责任	完成来料检验作业流程控制卡的受控、下发并运行	马泉	每延迟一小时乐捐5元
1月9日8点至1月12日18点	优化、固化制程检验作业流程三要素控制卡	规范制程检验管理机制，明确制程检验管理的标准、制约和责任	完成制程检验作业流程控制卡的受控、下发并运行	马泉	每延迟一小时乐捐5元
1月9日8点至1月19日18点	优化、固化成品检验作业流程三要素控制卡	规范成品检验管理机制，明确成品检验管理的标准、制约和责任	完成成品检验作业流程控制卡的受控、下发并运行	马泉	每延迟一小时乐捐5元
2月20日8点至3月9日18点	起草、研讨、试运行车缝品质检验方法管理卡	规范车缝工艺检验方法管理机制，明确车缝工艺检验方法管理的标准、制约和责任	完成车缝工艺检验方法控制卡的受控、下发并运行	马泉	每延迟一小时乐捐5元
1月25日8点至3月9日18点	起草、研讨、试运行车缝QC品质检验标准控制卡	规范车缝QC品质检验标准，明确车缝QC工艺检验标准的管理标准、制约和责任	完成车缝QC工艺检验标准控制卡的受控、下发并运行	马泉	每延迟一小时乐捐5元

续表

起止时间	步骤及重点事项	目的	考核指标	责任人	奖惩机制
2月25日8点至3月9日18点	起草、研讨、试运行裁床QC作业流程控制卡	规范裁床QC作业流程管控机制，明确裁床QC作业流程管理的标准、制约和责任	完成裁床QC作业流程控制卡的受控、下发并运行	马泉	每延迟一小时乐捐5元
2月23日8点至3月1日18点	起草、研讨、试运行裁床QC工艺检验标准控制卡	规范裁床QC工艺检验管理机制，明确裁床QC工艺检验标准与管理的标准、制约和责任	完成裁床QC工艺检验标准控制卡的受控、下发并运行	马泉	每延迟一小时乐捐5元
2月23日8点至3月1日18点	裁床QC品质检验作业流程与标准的培训	岗前培训，提高裁床QC品质质检验技能，准确反映品质状况	培训签到记录岗前培训考核记录	马泉	每延迟一小时乐捐5元
3月3日8点至3月15日18点	车缝工检验方法、作业流程与标准的培训	提高车缝QC品质检验技能，准确反映品质状况	培训签到记录培训考核记录	马泉	每延迟一小时乐捐5元
3月20日开始	车缝部现场品质三色灯管理与应用	通过目视化管理，将生产过程的品质状况及时的反馈，管理人员在接收信息后及时处理	完成三色灯的投入使用	马泉	每延迟一小时乐捐5元
3月5日8点至3月17日18点	起草、研讨、试运行三色灯管理三要素控制卡	规范三色灯管理机制，明确三色灯管理的标准、制约和责任	完成三色灯管理三要素控制卡的受控、下发并运行	马泉	每延迟一小时乐捐5元
3月25日8点至4月6日18点	起草、研讨、试运行不合格品处理三要素控制卡	规范不合格品处理机制，明确不合格品处理的标准、制约和责任	完成不合格品处理三要素控制卡的受控、下发并运行	马泉	每延迟一小时乐捐5元
3月25日8点至4月6日18点	起草、研讨、试运行赔偿管理制度	建立、健全生产过程中的赔偿管理机制，明确赔偿管理的标准、制约和责任	完成赔偿管理制度的受控下发并运行	马泉	每延迟一小时乐捐5元
1月7日8点至1月31日18点	起草、研讨、试运行品质周例会管理制度	建立品质周例会管理机制，明确品质周例会管理的标准、制约和责任	完成品质周例会管理制度的受控、下发并运行	马泉	每延迟一小时乐捐5元

续表

起止时间	步骤及重点事项	目　的	考核指标	责任人	奖惩机制
3月6日8点至 3月19日18点	起草、研讨、试运行产品品质溯源控制卡	建立、明确产品品质溯源管理的标准、制约和责任	完成产品品质溯源控制卡的受控、下发并运行	马泉	每延迟一小时乐捐5元
3月6日8点至 3月20日18点	起草、研讨、试运行裁片数量点检横向制约卡	建立、明确裁片数量点检管理的标准、制约和责任	完成裁片数量点检横向制约卡受控、下发和运行	马泉	每延迟一小时乐捐5元
责任部门：品改部　　工作主题：客户投诉、售后服务与品质改善管控机制的建立、健全					
1月7日8点至 3月1日18点	设计、研讨、试运行品质保证体系图	建立公司品质保证体系主系统模型明确品质保证体系主流程和核心动作，提升品质管控能力	完成品质保证体系图的受控、下发并运行	罗和正	每延迟一小时乐捐5元
1月7日8点至 3月2日18点	起草、研讨、试运行客户投诉处理作业流程控制卡	建立、健全客户投诉处理管理机制，明确客户投诉处理管理的标准、制约和责任	完成客户投诉处理作业流程控制卡的受控、下发并运行	罗和正	每延迟一小时乐捐5元
1月7日8点至 3月2日18点	起草、研讨、试运行客诉服务作业流程控制卡	建立、健全客诉服务作业流程管理机制，明确客诉服务作业流程管理的标准、制约和责任	完成客诉服务作业流程控制卡的受控、下发并运行	罗和正	每延迟一小时乐捐5元
3月4日8点至 3月16日18点	起草、研讨、试运行品改善作业流程控制卡	建立品质改善机制，明确品质改善机制的标准、制约管理的标准，降低客户投诉	完成品质改善作业流程控制卡受控、下发和运行	罗和正	每延迟一小时乐捐5元
3月4日8点至 3月16日18点	开展品质改善提案活动	持续改善产品品质，跟踪改善结果	每月完成1项提案，经品质改善小组集体评估合格	罗和正	每延迟一小时乐捐5元
3月4日开始	起草、研讨、试运行品质成果改善会议制度	建立集团层面的品质成果改善会议机制，明确品质成果改善会议管理的标准和责任	完成品质成果改善会议制度受控下发和运行	罗和正	每延迟一小时乐捐5元

责任部门：裁床部　工作主题：生产现场 5S 管理与早会管理机制的建立和健全

起止时间	步骤及重点事项	目的	考核指标	责任人	奖惩机制
1月7日8点至3月9日18点	起草、研讨、试运行裁床部 5S 现场改善方案	建立裁床部 5S 现场改善管理机制，明确品裁床部 5S 现场改善的标准、制约和责任	完成裁床部 5S 现场改善方案受控下发和运行	唐林斌	每延迟一小时乐捐 5 元
1月7日8点至3月2日18点	起草、研讨、试运行裁床度员岗位职责说明书	建立横向岗位制约标准，规范裁床部调度员岗位工作职责、工作内容、考核标准、职业发展通道、任职资格与组织关系	完成裁床调度员岗位职责明书受控下发和运行	唐林斌	每延迟一小时乐捐 5 元
1月7日8点至3月2日18点	起草、研讨、试运行车间早会管理制度	建立车间早会管理机制，明确车间早会管理的标准、制约和责任	完成车间早会管理制度受控下发和运行	唐林斌	每延迟一小时乐捐 5 元

责任部门：物控部　工作主题：物料链管控机制的建立、健全

起止时间	步骤及重点事项	目的	考核指标	责任人	奖惩机制
1月7日8点至3月2日18点	起草、研讨、试运行物料需求作业流程控制卡	建立物料需求作业机制，明确物料需求作业管理的标准、制约和责任	完成物料需求作业流程控制卡受控下发和运行	刘贵春	每延迟一小时乐捐 5 元
1月7日8点至3月2日18点	起草、研讨、试运行特采作业流程控制卡	规范特采管理作业流程，明确特采管理作业流程管理的标准、制约和责任	完成特采管理作业流程控制卡受控下发和运行	刘贵春	每延迟一小时乐捐 5 元
1月7日8点至1月12日18点	优化、固化物料收、发、退、补作业流程控制卡	建立物料收、发、退、补管控机制，明确物料收、发、退、补作业流程的标准、制约和责任	完成物料收、发、退、补作业流程控制卡受控下发和运行	刘贵春	每延迟一小时乐捐 5 元

责任部门：车缝部　工作主题：互检管控与早会管理机制的建立和健全

续表

起止时间	步骤及重点事项	目的	考核指标	责任人	奖惩机制
1月7日8点至3月15日18点	起草、研讨、试运行车缝部调度员岗位职责说明书	建立横向岗位制约标准,规范裁床调度员岗位工作职责、工作权限、工作内容、职业发展通道、考核标准、任职资格标准与组织关系	完成车缝部调度员岗位职责说明书受控下发和运行	李仁斌	每延迟一小时乐捐5元
1月7日8点至3月2日18点	起草、研讨、试运行车缝部自检、互检三要素控制卡	建立车缝部自检、互检管控机制,明确车缝自检、互检三要素,制约机制的标准、制约责任	完成车缝部自检、互检三要素控制卡受控下发和运行	李仁斌	每延迟一小时乐捐5元
3月4日8点至3月31日18点	起草、研讨、试运行车间早会管理制度	建立车间早会管理机制,明确车间早会管理的标准和责任	完成车间早会管理制度受控下发和运行	李仁斌	每延迟一小时乐捐5元
3月4日8点至4月1日18点	起草、研讨、试运行线头自剪管理控制卡	建立线头自剪管理机制,明确线头自剪管理的标准、制约责任	完成线头自剪管理控制卡受控下发和运行	李仁斌	每延迟一小时乐捐5元
责任部门:销售客服部 工作主题:生产计划管控机制的建立、健全					
1月7日8点至1月12日18点	优化、固化生产协调会管理制度	建立生产统筹管控机制,明确生产协调会管理的标准、制约和责任	完成生产协调会管理制度受控下发和运行	谢耀华	每延迟一小时乐捐5元
2月25日8点至3月9日18点	起草、研讨、试运行特殊刺绣三要素控制卡	规范特殊刺绣管控机制,明确特殊刺绣管理的标准、制约和责任	完成特殊刺绣三要素控制卡受控下发和运行	谢耀华	每延迟一小时乐捐5元
1月7日8点至1月12日18点	优化、固化订单交期横向控制卡	建立订单交期横向管控机制,明确订单交期横向管理的标准、制约和责任	完成订单交期横向控制卡受控下发和运行	谢耀华	每延迟一小时乐捐5元
2月25日至3月1日18点	起草、研讨、试运行生产计划作业流程控制卡	建立生产计划作业流程管理机制,明确生产计划作业流程管理的标准、制约和责任	完成生产计划作业流程控制卡受控下发和运行	谢耀华	每延迟一小时乐捐5元

6.4 团队 PK 规则

6.4.1 裁床部区域 / 个人比赛、以区域 / 个人的配片率为评比指标，以区域 / 个人为单位，每周进行一次评比，每月总评一次。

6.4.2 配片率计算方式：配片单数 / 生产套数 ×100%

6.4.3 裁床部比赛评选细则见表 10-24。

表10-24 裁床部比赛评选奖励标准

配片率范围	奖励标准
	区域/个人
15% 以上	个人配片率 15% 以上，个人乐捐 10 元 / 周
13%~15%	一、团队比赛
10%~12.9%	1. 以指导工所带区域小组为单位，每周三早会上公布各小组的排名。 2. 每周评出区域品质"周冠军"1 名，颁发"周优秀团队"字样的流动锦旗一面，奖励区域指导工 30 元 / 周。如区域配片率都高于 15%，均不得评选，指导工乐捐 20 元 / 周。颁发"本周我最差"字样的流动黑旗一面，如整个车间配片高于 15%，主任乐捐 30 元 / 周；给周最后 1 名的团队颁发"本周我最差"字样的流动黑旗一面。
7%~9.9%	
4%~6.9%	3. 规定每月评出品质"月冠军"1 名，颁发"月优秀团队"字样的流动锦旗一面，并奖励区域指导工 100 元 / 月，区域高于 15%，均不得评选，各指导工乐捐 50 元 / 月，给月最后 1 名的区域颁发"本月我最差"字样的流动黑旗一面。
4% 以下	二、个人比赛 1. 以个人为单位，每周三早会上公布个人的排名。 2. 针对配片率 10% 以下的，每周评出品质"周冠军"个人 1 名，并颁发"本周品质之星"字样的流动锦旗一面，奖励 30 元 / 周，如裁床部全体配片率都高于 10%，均不得评选；给周最后 1 名的个人颁发"本周我最差"字样的流动黑旗一面。 3. 规定每月评出品质"月度个人冠军"1 名，颁发"本月品质之星"字样的流动锦旗一面，并奖励 100 元 / 月。给月评选最后 1 名的个人颁发"本月我最差"字样流动黑旗一面。 4. 出现重大品质事故（如裁错花色和车型），取消评选资格。 三、个人配片率奖励 1. 配片率 13%~15% 范围的个人奖励 5 元 / 周； 2. 配片率 10%~12.9% 范围的个人奖励 10 元 / 周； 3. 配片率 7%~9.9% 范围的个人奖励 15 元 / 周； 4. 配片率 4%~6.9% 范围的个人奖励 20 元 / 周； 5. 配片率 4% 以下的个人奖励 50 元 / 周

6.5 车缝床部竞赛比赛规则（见表10-25）

6.5.1 团队比赛：车缝床部小组之间的比赛，以每小组一次性检验合格率为评比指标，以小组为单位，每周进行一次评比，每月总评一次。

表10-25 车缝床部比赛奖励标准

一次性检验合格率范围	奖励标准
70%以下	各组员乐捐10元/周
73%~76.9%	一、团队PK 1. 以小组为单位，每周三早会上公布各小组的排名。 2. 一次性检验合格率75%以上的每周评出品质"周冠军班组"1名，颁发"周优秀班组"字样的流动锦旗一面，奖励该小组140元/周，如有小组低于品质标准值（70%），均不得评选，各组员乐捐10元/周，给周评选最后1名的小组颁发"本周我最差"字样的流动黑旗一面。
77%~80.9%	
81%~85.9%	3. 规定每月评出品质"月度冠军小组"1名，颁发"月优秀班组"字样的流动锦旗一面，并奖励该团队800元，如低于品质标准值(70%)，均不得评选，各组员乐捐10元/月，给月评选最后1名的小组颁发"本月我最差"字样流动黑旗一面。 4. 车间一次性合格率低于70%，指导工乐捐20元/周，整个车间主任乐捐30元/周。
86%~90.9%	
91%以上	二、团队品质达成奖励标准： 1. 一次性检验合格率73%~76.9%小组，团队奖励35元/周； 2. 一次性检验合格率77%~80.9%小组，团队奖励70元/周； 3. 一次性检验合格率81%~85.9%小组，团队奖励140元/周； 4. 一次性检验合格率86%~90.9%小组，团队奖励210元/周； 5. 一次性检验合格率91%以上小组，团队奖励350元/周

6.6 品管部评比

6.6.1 个人PK、个人竞赛。个人之间的PK，以个人所有疵点问题，以个人为单位，每周进行一次评比，每月总评一次。

6.6.2 细则：总分100分，监察小组按发现一处疵点扣1分（每人每天平均二次检验不低于两套），最后得分为监察小组的平均分数，责任人扣分和实际的分数会于每日早上9点半张贴于部门公告栏。

6.6.3 若有重大质量事故，一套扣10分。

6.6.4 评选内容和奖罚标准见表10-26。

表10-26 品管部比赛奖励标准

评比分数范围	奖励标准
	质检人员

1. 80分以上。每周评出个人品质检验"周冠军"1名，颁发"本周检验之星"字样的流动锦旗一面，奖励30元/周，周最后1名的个人颁发"本周我最差"字样的流动黑旗一面。

2. 规定每月评出品质"月冠军"1名，颁发"本月检验之星"字样的流动锦旗一面，并奖励100元/月，每月最后1名的个人颁发"本月我最差"字样流动黑旗一面。

3. 整周低于70分，则品管部主任乐捐30元/周

96分以上	奖励质检人员30元/周
90~95.9分	奖励质检人员20元/周
86~89.9分	奖励质检人员15元/周
80~85.9分	奖励质检人员10元/周
76~79.9分	奖励质检人员5元/周
76分以下	质检人员乐捐10元/周

6.7 实施时间表（见表10-27）

表10-27 实施时间表

序号	活动内容	责任人	检查人	完成时间	责任
1	起草品质攻关活动方案	马泉	罗兵	12~19	延迟，乐捐10元/人/天
2	召开方案研讨会	马泉	罗兵	1~4	延迟，乐捐10元/人/天
3	早会上对方案的选定小组成员进行动员	甘显荣	罗兵	1~8	延迟，乐捐10元/人/天
4	流动红旗、黑旗的设计和制作	王郁华	罗兵	1~15前	延迟，乐捐10元/人/天
5	每日生产任务的下达	谢耀华	罗兵	前一天18:00前	延迟，乐捐2元/人/时
6	每日小组早会的召开	各主任	罗兵	每天早上08:00	延迟，乐捐2元/人/时
7	每日生产任务（产量、品质）的统计公布	各主任	罗兵	次日16:00前	延迟，乐捐2元/人/时
8	每日出勤人数统计	各主任	罗兵	次日10:00前	延迟，乐捐2元/人/时
9	厂长办提供各组的每周产量成绩	周泽亿	罗兵	每周六21:00前	延迟，乐捐2元/人/时

续表

序号	活动内容	责任人	检查人	完成时间	责任
10	品管部提供各组的每周品质成绩	马泉	罗兵	每周六 21：00 前	延迟，乐捐 2 元/人/时
11	组织小组成员进行每周总结及检讨	各主任	罗兵	每周一 20：00 前	延迟，乐捐 2 元/人/时
12	计算活动奖金并提报申请	王郁华	罗兵	每周一 12：00 前	延迟，乐捐 2 元/人/时
13	奖金、流动红黑旗的发放	王郁华	罗兵	每周三早上 8：00	延迟，乐捐 2 元/人/时
14	现场拍照	王郁华	罗兵	与奖金发放同步	延迟，乐捐 2 元/人/时
15	每周宣传	王郁华	罗兵	奖金发放次日 18：00	延迟，乐捐 2 元/人/时
16	对品质攻关方案活动总结（不少于400字）	各成员	罗兵	2022 年 05 月 01 日 18：00 前	延迟，乐捐 10 元/人/时

7. 管理规定

7.1 为确保此品质攻关活动顺利开展，特规定如下。

7.1.1 凡经举报或查处有虚报、瞒报、徇私，查证属实者取消当周或当月评比资格并作全公司公开通报批评，责任人乐捐 50 元/次，情节严重者按行政奖罚管理制度相关条款处理，裁床部、车缝部、品管部、厂长办做好数据统计的审核。

7.1.2 未按本方案规定履行职责的部门或责任人，按 20 元/次乐捐，造成损失则按公司制度处理。

7.1.3 团队与个人的 PK 成绩将每周、每月公布并存档，并作为个人年终晋升和奖金发放的考核依据。

7.1.4 本活动方案由品管部负责起草、修订和解释，经管理变革领导小组集体讨论决定，经管理变革领导小组组长批准后正式实施。

经充分研讨通过，同意以上方案，集体会签如下：

品质攻关活动领导小组成员会签：

品质攻关活动监察小组成员会签：

裁床部全体成员会签：

车缝部全体成员会签：

品管部全体成员会签：

制定：

日期： 年 月 日

管理变革领导小组副组长审核：

日期： 年 月 日

管理变革领导小组组长批准：

日期： 年 月 日

范例四：

"创门业顶尖品牌"攻关方案

一、小组工作目的

1. 有效处理生产及品质异常；

2. 提升生产效率及产品品质；解决订单准交及客诉问题；

3. 改善公司流程瓶颈，优化生产运作流程；

4. 巩固标准化体系，提升公司核心竞争力，创顶尖品牌。

二、小组成员及工作职责

组长：吴奋谋，领导及指导小组工作开展；

指导老师：项目组全体老师；

助理：

吴奋勇，门花攻关主导及协调；

陈雪玲，协助组长工作，组长外出时工作代理；

副组长：

蔡世红，小组具体工作主导，重点主导花厂生产及品质异常处理、提升生产及品质业绩；

黄胜乐，小组具体工作主导，重点主导门厂生产及品质异常处理、提升生产及品质业绩；

李海平，监督方案执行，严格稽核及总结；

组员：

（门厂）：翟金星、陈海源、洪峰、陈惠平、李传友、董伟华、刘堂兵、何春富、肖维华、王贺金、各生产组长及质检员；

（花厂）：谢军、李发明、周强、秦梅春、杨春辉、刘伟军、赖宝明、各生产组长及质检员。

三、小组工作内容

（一）客诉分析及改善

1. 客户投诉时，客诉部与客户沟通，如属产品品质问题，则开出客诉处理单交品质部主管主导进行处理；

2. 品质部主管对客诉问题进行原因分析，并主导相关部门进行处理，并在每天下午的攻关小组工作会议上通报；

3. 根据实际情况，品质部主管可要求相关部门责任人参加每天下午的攻关小组工作会议，并在会议上做检讨。

（二）生产异常处理

1. 生产异常由生产部开出生产异常处理单，由PMC主导进行处理；品质异常由品质部开出品质异常处理单，并主导处理。生产及品质处理时小组全体成员须到现场（因考虑到目前的实际情况，生产线人为作业问题不开具品质异常处理单，责任人在成品检验日报表签字确认；来料、流程、技术问题造成的品质异常或重大、重复发生的品质异常时，开出品质异常处理单）；

2. PMC主管及品质主管确认责任部门，攻关小组全体成员共同确认，并要求责任部门主管及责任人签字确认；

3. 攻关小组全体成员共同讨论生产及品质异常处理方案并提出改善措施，最终处理方案及改善措施由生产厂长作最终判定；

4. 每天下午17:00小组成员（各部门主管以上人员）召开攻关

每天工作会议，对当天的生产异常、品质异常、客户投诉、客户退货返工问题进行检讨；

5. 每天由 PMC 主管及品质主管汇总当天的生产及品质异常，并在次日 9：00 前在宣传栏中公布前日的生产及品质异常情况。

（三）流程优化

1. 老师主导对生产系统运作流程及品质技术系统运作流程进行分析，并提出瓶颈点；

2. 针对瓶颈点，每周小组会议上全体成员共同商讨并提出改善措施；

3. 流程稽核赛：

3.1 老师制订各部门流程／控制卡稽核计划，各部门依流程／控制卡稽核计划对文件进行大稽查，并提出改善措施（严格执行或修改文件，修改文件时需与项目老师沟通确认）并汇总问题点交稽核办（完成日期：5 月 15 日）；

3.2 稽核办依据各部门提供的流程／控制卡稽核计划进行检查，并提出各部门稽核未发现的问题，同时对各部门的稽核效果进行排名（流程稽核赛），并报小组组长审核（完成日期：5 月 18 日）；

3.3 流程稽核赛奖励标准：第 1 名 100 元，第 2 名 50 元，第 3 名 30 元。

4. 流程执行赛：

4.1 本月底前，稽核办针对各部门稽核问题改善状况进行检查，对执行效果进行排名（流程执行赛）并报小组组长审核（完成日期：5 月 25 日）；

4.2 流程执行赛奖励标准：第 1 名 100 元，第 2 名 50 元，第 3 名 30 元（完成日期：5 月 28 日）；

4.3 对于改善不配合的部门，由稽核办提报，由项目老师、攻关小组组长共同处理，屡教不改者将进行处罚。

（四）技术资料完善

1. 针对因技术资料造成生产及品质异常时，技术部主管配合修订相关技术资料；

2. 老师与技术部共同确认技术资料制订方式，并针对工程门及门市门各制订一套技术资料；

3. 技术部列出各类门/门花技术资料制订计划，并按计划完善技术资料建立；

4. 技术资料建立时，生产各车间分别安排有经验的老员工参与技术资料建立（不影响正常上班），公司给予相应的奖励；

5. 技术部主管主导各车间有经验老员工召开技术资料研讨会，会议中针对技术资料制订计划相关事项进行讨论；

6. 根据技术资料研讨会讨论的结果，技术部主管主导技术部工程师进行技术资料制订，并分发公司各部门；

7. 各部门按新制订的技术资料进行生产作业，如发现技术资料错误时及时反馈技术部处理，对于发现技术资料错误的部门，由技术部按 2 元/处标准向小组组长申请给予奖励。

（五）工作小组总结

1. 每周二前，PMC 主管及品质主管汇总上周生产及品质数据，并对数据进行统计及分析，核算损失金额，并确定各责任部门/人员；

1.1 PMC 数据：订单准交率、计划达成率、算料失误次数、采购准交率、订单错误次数等；

1.2 品质数据：门/门花客诉记录、门/门花返修记录、门/门花成品判退记录；

2. PMC 主管及品质主管将生产及品质数据交各车间主管确认并交生产厂长审核，并在周二晚上小组工作会议上通报；

3. 每周三晚由攻关小组组长主导召开小组工作会议，对小组上周工作进行总结，由 PMC 主管及品质主管通报生产及品质数据，各责任部门主管/责任人员对相关数据进行检讨并提出改善措施；

4. 针对小组工作，小组全体成员共同探讨改善方案；

5. 小组工作会议上最终评定上周优秀车间及班组，并由小组组长通报，具体评估方案如下。

5.1 优秀车间评选标准如下（见表 10-28）。

表10-28　钢门优秀车间评选标准

项目	指标名称	具体内容	目标值				评分标准	权重
			钢1	钢2	钢3	钢4		
1	生产达成率		90	95	99	98	低于1%扣5分	35
2	品质合格率	成品合格率	95	95	99	98	低于1%扣5分	25
		客户退货返修	3	2	1	1	超出1栋扣5分	15
3	配合度	异常处理	由厂长评定				每次扣5分	10
		返修配合					每次扣5分	10
		异常改善					每次扣5分	5
合计								100

评估方法：由稽核中心主导，生产达成率由PMC部评分，品质合格率由品质部评分，配合度由厂长评分，最终由稽核中心汇总评定各车间当周得分，并交PMC部、品质部、厂长会签后，呈总经理最终核准确定

范例五：

表10-29　花厂优秀车间评选标准

项目	指标名称	具体内容	目标值			评分标准	权重
			花1	花2	花3		
1	生产达成率	门厂	98	98	98	低于1%扣5分	20
		业务	95	95	95		15
2	品质合格率	成品合格率	95	95	95	低于1%扣5分	25
		客户退货返修	2	2	2	超出1栋扣5分	15
3	配合度	异常处理	由厂长评定			每次扣5分	10
		返修配合				每次扣5分	10
		异常改善				每次扣5分	5
合计							100

评估方法：由稽核中心主导，生产达成率由PMC部评分，品质合格率由品质部评分，配合度由厂长评分，最终由稽核中心汇总评定各车间当周得分，并交PMC部、品质部、厂长会签后，呈总经理最终核准确定

表10-30　钢门/门花优秀班组评选标准

项目	评估内容	评分标准	权重
1	生产达成情况	根据实际当周造成本车间生产计划未达成次数为准	35

续表

项目	评估内容		评分标准	权重
2	品质合格率	成品合格率	根据实际当周造成本车间成品检验不合格数量/客户退货数量为准	35
		客户退货返修		
3	配合度	返修配合	主任评估，厂长审核	10
		品质改善		10
4	团队合作	/		10
合计				100

评估方法：车间主任根据每周生产达成率分析及品质不良分析对各班组评分，并报厂长审批，由厂长确定优秀车间，并交 PMC 部、品质部会签后报总经理最终核准确定

5.2 优秀车间细则如下。

5.2.1 评选周期：每周评选，每月总评，钢门及门花厂各评选一个优秀车间及班组；

5.2.2 奖励：

5.2.2.1 每周奖励：

对第 1 名的车间，授"周优秀车间"流动红旗，并奖励现金 200 元；倒数第一名车间授"整改车间"流动黄旗；

对第 1 名班组，奖励 100 元；

5.2.2.2 每月奖励：

对第 1 名的车间，授"月优秀车间"流动红旗，并奖励现金 1 000 元；

对第 1 名班组，奖励 400 元。

5.2.3 发放时间：每月第一周周四早上全厂员工大会时发放；由攻关小组组长颁发奖金及"月流动红旗"。

5.3 每周四上午 9：00 前，由稽核办整理生产、品质数据及奖励公告并张贴于公司宣传栏中；

5.4 每月 3 日前由稽核办负责汇总前四周数据，并进行评比，在员工大会上进行月度总结、奖励；

备注：

1. 攻关小组每天工作会议及周工作会议列席人员请参见会议列席人员名单，会签表见表 10-31；

2. 小组成员不配合小组工作开展（含工作抵触或会议缺席等）时，

攻关小组副组长可提出处罚，由稽核主任开出处罚单报攻关小组组长审批后进行处罚。

此方案从由 2021 年 5 月 10 日起执行。

表10-31　攻关小组人员会签表

组长：	助理：
副组长：	
组员：	

项目组
2021 年 5 月 8 日

范例六：

产能提升攻关方案

1. 目的

为满足目前越来越多的生产下单量的生产需求，提升生产线的生产能力，拟通过生产计划为指导、班组工序间互相协助的方式来提升车间的生产能力，特形成本攻关方案。

2. 适用范围：生产一部，二部，趟门部。

3. 攻关时间：2021 年 8 月 1~31 日（1 个月）。

4. 攻关小组人员及职责（见表10-32）

表10-32　攻关小组人员职责

分工	人员	职责	备注
顾问	袁公确、温仕华	督导整个攻关过程实施	
组长	郑董	参与、规划、统筹、执行、检查整个攻关过程	
执行组长	邱柏林	主导整个攻关过程实施，小结、总结攻关实施结果	
副组长	孙立晶、胡响应、余华林、张伏兴	配合执行组长，主导整个攻关过程实施，小结、总结攻关实施结果	
生产计划	余建勇	负责生产计划的制和进度的跟进	

分工	人员	职责	备注
督导		负责整个攻关过程的执行动作督导	
组员	张范宜	负责按要求执行改善动作，并提出改善建议	
	陈俊	负责按要求执行改善动作，并提出改善建议	
	王晶	负责按要求执行改善动作，并提出改善建议	
	封边组长	负责按要求执行改善动作，并提出改善建议	
	梁贵明	负责按要求执行改善动作，并提出改善建议	
	杨俊	负责按要求执行改善动作，并提出改善建议	
	雷强	负责按要求执行改善动作，并提出改善建议	
	周桂海	负责按要求执行改善动作，并提出改善建议	

5. 攻关目标

老线：8月达成15 000平方的产量目标，即500平方米/天，3 500平方/周

新线：8月达成6 000平方的产量目标，即207平方米/天

6. 攻关实施计划及实施动作（见表10-33）

表10-33　攻关实施计划细则

序号	内容	责任人	实施时间
1	攻关启动会议，说明攻关方案，小组成员签名	全员	7月4号
2	8月5号实施柜身车间布局调整	胡响应	8月4号
3	柜身车间布局调整后形成工序备料工作制	胡响应	8月8号
4	每周五晚上19点进行攻关小组小结会议	执行组长	8月
5	执行及时改补或改补优先的工作制度，下工序发现少板，上工序必须2个工作小时内完成改补	各班组长	8月1号
6	实施各班组或个人的产能激励方案	执行组长	8月1号
7	实施工序日计划工作制度，并严格执行计划	余建勇/胡响应	8月5号
8	实施工序岗位派工单的工作方式，并就完成情况进行员工奖金激励工作模式	余建勇/胡响应	8月5号
9	未达成产量日目标的班组中午提前半小时上班，晚上提前半小时上班	各班组长	8月1号
10	计料优化数据控制在20立方米以下，且柜量在5个柜以下，小柜子不超过7个	计料组	8月1号
11	未达成目标的倒数一名每天在生产协调会上报告原因和提升对策	柜身部	8月1号
12	达成阶段目标按周或天奖励	全员	

7. 奖罚约定

7.1 奖励细则见表 10-34。

表10-34　奖励细则

序号	奖励条件	奖励对象	奖励金额	奖励时机	备注
1	任一班组或个人提出一项改善建议，被实施有效的	提出和实施人	50~100 元	攻关完成评估	
2	攻关期间每日按要求动作执行的优秀个人或班组（以项目老师、攻关组长 / 执行组长、等检查为依据，督导部记录）	组长、员工	50~200 元	攻关完成统一发放	
3	按周计划完成攻关目标（同时完成）： ①本工序完成目标；占 50% ②最终入库完成目标（以计划部记录为准）；占 50%	经理	200~300 元	按月发放	按最终入库数为准
		柜身班组，	350 元（10 人以下）400 元（15 人以下）450 元（16 人以上）	按周发放	本工序达成目标是奖励的基础
4	趟门部评价标准：①（占比60%）、柜身入库完成攻关目标；②（占比40%）、趟门造成的影响出货不超过 1 单；掩门不超过 3 单；吸塑不超过 3 单； 收尾组的评价标准：①（占比60%）、柜身入库完成攻关目标；②（占比40%）、周转区存量低于600 立方米（以计划部的数据为准）	同上（趟门分 3 个组总奖金为：750 元 / 周）			

1. 趟门的评估标准以收尾的及时性为标准，即不影响柜身的进仓进度作为依据，产量以柜身入库数据为依据，趟门部按 3 个组来分配奖金；

2. 班组完成上面第 3 项的①②点，奖励的分配分别为 50%，50%，即 2 项要求全部实现则可以拿到全部的奖金；本工序达到目标才可拿到奖金；

3. 排钻组分为 2 个组，手工排钻和 CNC 排钻

5	月度攻关目标实现的	新线	2 000 元	按月发放	评价同第3 点标准
		计料组	250 元	按周发放	
		计划组	300 元	按月发放	
6	攻关期间按月度超额完成攻关目标的	攻关小组全员	庆功宴	攻关完成	

7.2 乐捐细则见表10-35。

表10-35　乐捐细则

序号	乐捐条件	乐捐对象	乐捐金额	乐捐时机	备注
1	督导部、攻关组长、执行组长、副组长、项目老师检查未按要求动作执行的	责任人	10元/项	当场现金的方式	
2	给下工序造成困扰，欠料少板情况，改补未按要求2个工作时完成的	组长	10元/项	当场现金的方式	
3	按目标产量完成低于目标95%的	经理	30元	按月乐捐	按最终入库数为准
		车间班组长	20元	按周乐捐	

核准：　　　　　　　　　　　　制定：

攻关小组名单及会签：

范例七：

表10-36　产能提升攻关方案第一周执行汇总报告

7月4日至7月10日产能统计汇总表：

第一周统计	制门	计料	开料	封边	CNC排钻（A）	排钻（B）	拼装	包装	进仓	备注
产能目标（平方/天）	以进仓总目标核算	450	450	450	175（原180）	280	450	450	450	
合计平方数		3 413.15	3 089.373	3150.989	1 009.21	1 780.515	3 260.96	2 949.62	3 111.80	
天均平方数		487.592 9	441.339	450.141 1	144.172 9	254.359 3	465.851 4	421.374 3	444.543	总进仓目标未达成
目标达成率	98.8%	108.3%	98.1%	100.03%	80.1%	90.8%	103.5%	93.6%	98.8%	

根据产能提升攻关方案相关规定，柜身各工序每天平均产能目

标为 450 平方米,(制门组按成品进仓总目标核算、计料组 450 平方米 / 天计算、排钻 CNC180 平方米 / 天,手工排 280 平方米 / 天)成品进仓总目标 450 平方米 / 天。第一周汇总表(见表 10-36)结果显示:成品进仓总目标未达成。完成目标的工序按总奖金的 30% 发放。获奖工序明细见表 10-37:

表10-37 获奖工序明细

计料组	封边组(17人)	拼装组(少于10人)
组长:100*30%=30 元	组长:150*30%=45 元	组长:150*30%=45 元
组员:150*30%=45 元	组员:300*30%=90 元	组员:200*30%=60 元

获奖金额合计:30+45+45+90+45+60=315(元)

乐捐(见表 10-38):按周度汇总产能目标达成率低于 90% 的工序进行乐捐。

表10-38 乐捐标准

周度目标完成< 90%	经理	30 元	按周乐捐	按最终入库数为准
	组长	20 元	按周乐捐	

本周乐捐人员名单:均产能低于目标值的 90%   CNC 组班组长:20 元

产能提升攻关小组

2021 年 7 月 12 日

制表: 审核: 批准:

范例八:

柜身车间布局改善项目方案

(第一阶段)

一、目的

为实现车间空间的更好利用,提升生产效率,对品质改善有促进作用。

二、改善区域

柜身车间包装工段、半成品区

三、项目时间

2021 年 7 月 9 日至 7 月 31 日

四、攻关小组成员（见表10-39）

表10-39　攻关小组成员表

分工	人员	职责	备注
顾问	袁公确、黄振隆	对整体攻关过程进行把控	
组长	郑董	参与、规划、统筹、检查整个攻关过程	
执行组长	邱柏林	主导整个攻关过程的实施，召集攻关小组进行攻关	
督导	梁海言	负责整个攻关过程的执行动作的检查和反馈	
组员	孙立晶、胡响应、余华林、余建勇、阮栋文	负责按要求执行改善动作，提出改善建议	

五、项目结果

1. 清理半成品区，将半成品及时入库；

2. 把包装工段移到半成品区，按第一阶段的布局图进行；

3. 在封边工段后、排钻工段前，实施总质检。

六、项目动作实施计划（见表10-40）

表10-40　项目动作实施计划

序号	动作内容	责任人	完成时间	备注
1	抽调人手专门将周转区的欠少料单进行清理，并安排进仓，空出周转区域			抽调专人清理
2	在半成品区清理完后，安排人员把包装工段移到半成品区			
3	优化包装备料的管理，只包装齐料柜子；实现包装完即可入库，不再生成周转区			
4	拼装进行卡板上欠料少板的标示工作，生产和计划加速改补的处理，督导监控执行			

续表

序号	动作内容	责任人	完成时间	备注
5	①在封边工段后、排钻工段前，设立总质检，对封完边的板件进行数量、尺寸、外观、质量的检查和改补件的跟进；②按单个柜子进行拣板			

审核：　　会签：　　　　　制定：项目组

范例九：

订单清理攻关方案

一、目的

为解决订单积压问题，特制定本订单清理配套方案，并通过订单清理方案逐步建立 PMC 运作模式。

二、订单清理小组分配（见表 10-41）

表10-41　订单清理小组人员分配

总调度：侯英朝　　组长：尹亮亮　　指导：众赢老师

组别	人员分配	相关职责
计划组	组长：尹亮亮	召开订单清理攻关会议，确定周期内出货计划目标达成情况并制订主生产计划，对未达成计划原因进行总结
	组员：张跟印、赵凤	编制周、日生产计划排程，并跟进日生产计划及出货计划
生产组	组员：周群满、李归成、郭宗泽、刘凡华	负责主导实施完成生产计划，生产过程异常协调
品管组	组员：周迪	负责产品品质控制 负责进料、外协、制程、成品品质控制的具体实施
业务组	组员：侯争立	负责制订出货计划、安排成品出货及与客户沟通
稽核组	组员：侯争立、姚若琼	负责全程稽核检查

三、订单清理范围

截至 2021 年 5 月 25 日 18：00 的公司现有未交货订单。

四、清理时间

2021 年 5 月 27 日~2021 年 6 月 15 日

五、订单清理作战方案（见表 10-42）

表10-42　作战方案细则

项次	项目	攻关事项	完成时间	责任人	监督人	完成体现	责任
1	出货计划	业务部将5月27日至6月9日要出货的订单形成15天出货计划，以电子档及书面汇总；出货计划表根据缓急期情况进行排序	5月26日 10:00	侯争立	张根印	截至2021年6月9日销售订单出货计划表（各业务员签字）	
2	订单汇总	根据业务部提供的出货计划表，将未完成订单，分为已生产未出货、在制，未生产订单进行清理，并形成电子档及书面汇总，经业务部核对后生效		张根印	侯争立		
3	成品仓库存排查	依15天出货计划表，对仓库存进行统计与盘点，并形成电子档及书面汇总	5月26日 10:00	侯争立	尹亮亮	日库存报表	完成每项奖励责任人、监督人各10元，未完成每项每人乐捐5元
4	各车间在制品排查	各车间领班根据15天出货计划表对车间在制品数据进行盘点，将数据提交统计		各车间领班	统计	在制品统计表（车间签名）	
		统计依车间提交在制品数据表核对台账数据并修正		统计	尹亮亮	统计修正后的台账	
		PMC主管根据统计核实后的数据形成车间生产进度表，以后每天更新		尹亮亮	各车间领班	车间生产进度表	
5	订单评审	组织业务人员、PMC、生产开会，对5月27日至6月9日出货计划表进行订单评审并确认交期，（分解到班组），新订单每次评审	5月27日 10:00	尹亮亮	侯争立	15天的出货计划表（与会人员签名确认）	
6	制作主计划	组织主计划员与生产部，依评审结果生成主生产计划，后续的订单评审后纳入主计划				截至2021年5月25日销售订单主计划表	
7	周计划	依据主生产计划，每周周五下班前编制下周生产计划后分发车间				周计划表	

续表

项次	项目	攻关事项	完成时间	责任人	监督人	完成体现	责任
8	日计划	依据周生产计划，每天16:00前编制第二天的日生产计划后分发生产车间				日计划表	
9	生产实施与跟进	生产部门每天根据日生产计划组织资源实施，确保计划实现，出现异常由PMC协调解决					完成每项奖励责任人，监督责任人各10元，每项未完成每项每人乐捐5元
10	考核	1.每天由统计员对计划达成进行统计；2.PMC组织生产部、品管部、业务部每天对计划的达成情况进行统计与考核；3.进行周、月的汇总与考核				日计划考核规定	
11	模式固化	制定生产协调周会制度并实施				生产协调会制度签发与实施	
		制定生产计划控制卡并实施				生产计划控制卡的签发与实施	
12	稽核检查	按攻关方案形成稽核检查表，每日进行稽核				稽核检查表	
13	分段总结会	召开第一次分段总结大会				会议记录	
14	总结会	订单清理攻关方案的总结				会议记录	

六、激励制度

1. 每周按清单计划完成总量 90% 以上的，总调度及组长奖励 100元/人，组员奖励 50 元/人；

2. 每周按清单计划完成总量 80% 以上的，总调度及组长 50 元/人，组员奖励 30 元/人；

3. 每周各生产车间完成计划产量 90% 以上的奖励 100 元/车间；完成计划产量 80% 以上的奖励 50 元/车间；

4. 每周按清单计划完成总量低于 70% 的，总调度及组长乐捐 50元/人，组员乐捐 20 元/人（因其他部门影响而导致未达成的需提供证据给订单清理攻关小组组长）。

备注：

1. 稽核办根据稽核检查表进行稽核总结，每周汇总形成稽核战报。

2. 对各部门工作达成情况进行公布。

3. 以订单评审所定的交货期为准。

审批：　　　　　编制：　　　　会签：

范例十：

产能提升攻关总结

阶段：7 月 25~31 号（工作 7 天）

数据统计（见表 10-43）：

表10-43　数据统计表

	制门	计料	开料	封边	CNC排钻A	排钻B	拼装	包装	收尾进仓
目标（平方）	450（进仓）	450	450	450	175	280	450	450	450
周达成平方数		3 340	3 116	2 972	910	1 777	3 040	3 222	3 017
日均产量	431	477	445	424.5	130	253	434	460	431
达成率	95.7%	106%	98.8%	94.3%	74.2%	90.4%	96.4%	102%	95.7%

	趟门	计料	开料	封边	CNC排钻A	排钻B	拼装	包装	收尾
组长		150*30%=105						150*30%=45	
组员		250*30%=175						250*30%=75	
合计	0	120	0	0	0	0	0	120	0

7月份全月总完成数：12 574.36平方米，目标：13 500平方米，达成率：93.1%；

根据产能攻关方案相关规定，结合实际的完成情况（见表10-43），奖罚汇总如下。

奖：

总计：240元；

根据月度目标总达成情况93.1%，经理没有奖励。

罚：

CNC排钻组达成率：74.2%，组长乐捐20元；

合计：20元

批准：　　　　　　审核：　　　　　　　　制表：

范例十一：

"机加车间攻关活动"启动大会议程

一、**时　间**：周五（08月25日）上午10：30~11：40

二、**地　点**：公司二楼会议室

三、**主持人**：孙副总

四、**参会人员**：项目组老师

　　　　　　　　孙总、稽核中心经理、攻关小组成员

五、**会议进程（见表10-44）**

表10-44　会议进程表

序号	时限（分钟）	内　容	负责人
1	1	主持人宣布"泰元机加车间攻关活动启动大会"开始及会议纪律（请各位将手机调到关机或静音状态，会议期间禁止交头接耳，禁止接听电话，如需接听电话，请向主持人举手示意后，到会议室外接听，如有违反，乐捐10元/次）	副总

续表

序号	时限 （分钟）	内　　容	负责人
2	5	孙总发言	孙 总
3	3	攻关小组组长戴立文发言	戴立文
4	9	李老师宣读"泰元机加车间攻关活动"方案及讲解进程	李老师
5	3	攻关小组执行副组长文润发言	文 润
6	3	攻关小组副组长、员工代表段海舟发言	段海舟
7	5	公司孙副总发言	孙副总
8	3	孙总为攻关小组班长以上成员颁发聘书（集体上台领取聘书并合影）	孙 总
9	3	孙副总领誓：机加车间攻关小组成员集体宣誓（举起右手）	孙副总
10	3	攻关小组组长戴立文领誓机加车间攻关口号	戴立文
11	2	会议结束，有序离场	
总时间40分钟			

10.3.3　制订下一个新目标和新计划

现状和目标的差距，就是问题。如果用一个公式来表达，可以用：问题 = 目标 - 现状。目标要根据现状和问题或差距来确定。

比如，目前的订单准交率是 30%，目标当然就是 100%，差距是 70%。但是要达到目标 100% 的订单准交率，是一个理想目标。我们期望最终目标的实现，是要分阶段来实现的。比如，可以把目标按阶段分别定为 80%、90% 和 100%，然后逐步去实现。一个阶段可以是一天、一周、一个月，也可以是一个季度，具体定多久，根据企业实际来定。

目标定好后，计划就会随之而定。计划其实是目标的具体分解。它就是每个阶段的具体目标行为。

管理，永远是持续改善。

第 11 章　项目实施后工作

项目结束了，是下一个项目的开始。如果平时的管理细节做好了，大家都能加以合理配合，后续的项目管理就会越来越少。

11.1　项目总结的注意事项

项目总结阶段应注意 3 个方面。

11.1.1　项目总结和成果的收集

项目老师辅导制造企业如果卓有成效，很多制造企业会给项目老师颁发锦旗、感谢信和常年顾问聘书等荣誉。

项目做完了，最重要的是要总结项目的成绩、不足和未来的改善计划。只有总结，才知道做得好，是因为什么，做得不好，又是因为什么，后面该怎么去改善。经常做总结的人，他的能力提升会比不经常做总结的人的能力提升得快。

项目的成果主要是指实施有效的项目管理文件。包括电子资料和书面资料。项目组安排人员把一个项目管理实施过的有效文件汇编成电子书，再给制造企业方签收。然后将其打印、装订成纸质档的项目管理资料汇编在总结（表彰）大会上交给制造企业的负责人，这就意味着一个项目阶段性的结束。

项目总的评价和项目成果的签收，是通过咨询项目辅导成果签收表（见表 11-1）来实现的。

表11-1　咨询项目辅导成果签收表

序号	文件名称	移交日期	移交人	接收人	备注

续表

序号	文件名称	移交日期	移交人	接收人	备注

项目总的评价：

公司代表：
日期：

11.1.2　评奖

根据人员和团队的实际表现、数据变化等，评选出项目管理以来有进步或有成绩的人和团队。颁发的奖项很多，如认真奖、执行奖、配合奖、进步奖、优秀奖等。这些奖项，到了总结（表彰）大会上由领导们颁发。

11.1.3　总结大会的召开

项目结束的最后一个重要工作就是总结大会。总结大会的筹备、策划、组织和实施，都很重要。一般由项目经理主导。下面介绍总结（表彰）大会的一般议程。

做得好的项目，可以称为总结表彰大会。一般的项目，称为总结大会。制造企业做管理咨询项目，一定要召开项目启动会和项目结案会。有了启动会，就应该有结案会。哪怕项目失败了，也要召集管理人员们一起总结一下。这是做管理变革应有的态度，要敢于面对挫折，敢于面对失败。没有做的人，永远不会有挫折感。只有受挫了，才晓得哪里没做好，下次要注意什么，怎么去改进。

关于项目总结会如何开，下面示范三个案例。

范例一：

ZL 公司管理变革总结表彰会

会议名称：管理变革总结表彰会

主持人：章德银

时　间：周五 16：00~18：00　　共约 120 分钟

地　点：会议室

参加人员：全公司班组长以上级人员

会议通知 / 会场准备 / 会议记录：王水莲

会议议程：

1. 主持人宣布会议纪律及会议议程（2 分钟）。

2. 主持人为总结会议致辞（2 分钟）。

3. 各部门主管代表本部门做总结讲话（每人 4 分钟）。

4. PMC 部→品质部→财务部→设备部→人事行政部→销售部→

技术部→铸锻车间→成品车间→铸造车间→采购部→稽核办。

    5. 员工代表讲话（每人 4 分钟）：

        A. 伍火忠；

        B. 高志清；

        C. 李满龙。

    6. 其他成员做补充总结（每人 2 分钟，共 12 分钟）。

    7. 何总监做总结讲话（10 分钟）。

    8. 何总做总结讲话（10 分钟）。

    9. 周老师做总结讲话（10 分钟）。

    10. 管理变革突出贡献奖（5 分钟）由何总颁奖。

    11. 管理变革模范管理人员奖的宣布与颁发（5 分钟）由老师颁奖。

    12. 管理变革进步奖的宣布与颁发（5 分钟）由总监颁奖。

    13. 管理变革积极参与奖的宣布与颁发（5 分钟）。

    14. 管理变革优秀员工奖的宣布与颁发（5 分钟）由各部门部长颁奖。

范例二：

ZL 管理变革阶段性
总结表彰大会奖励方案

一、优秀员工奖：（共计 1 200 元）

1. 优秀员工先进奖：5 人 ×80 元 =400 元

    获奖人员：丁慈妹、覃秋利、李炯凤、潘臣廷、吴珍侨

2. 优秀员工进步奖：8 人 ×50 元 =400 元

    获奖人员：何超、陈顺虎、喻青松、岑美荣、李月桂、张兴义、

            刘晓芳、宋法强

3. 优秀员工鼓励奖：20 人 ×20 元 =400 元

    获奖人员：韩青、胡根秀、辛招祥、赖金兰、胡金福、任冲、

            黎桂树、李琼、张顺、腾今陕、黄汉陈、徐荣华、

陈佼佼、赵芳珍、黄明波、韦作燕、陈永能、杨文亮、田金、梁万宝

二、优秀管理奖：（共计 1 650 元）

1. 优秀管理先进奖：5 人 ×100 元 =500 元

获奖人员：胡永华、胡光军、陈群爱、李习中、谭桂芬

2. 优秀管理进步奖：5 人 ×80 元 =400 元

获奖人员：胡春娣、谢 军、李 勇、胡罗铭、孙洪亮

3. 优秀管理鼓励奖：15 人 ×50 元 =750 元

获奖人员：韦利玲、陈绍斌、刘伟、梁礼双、区少娟、刘仕濂、谢香花、区艳芳、颜清清、韦苏、庞亭亭、黄雄厚、林焕萍、任艳、袁宗辉

三、优秀班组奖：（共计 1 080 元）

1. 优秀班组先进奖：灯罩车间吸塑 A 线：组长（韦正记）100 元 + 班组 300 元 =400 元

2. 优秀班组进步奖：三车间一线：组长（宋泽丰）80 元 + 班组 200 元 =280 元

3. 优秀班组鼓励奖：一车间一线：组长（莫常战）50 元 + 班组 150 元 =200 元；灯罩车间包装组：组长（李根凤）50 元 + 班组 150 元 =200 元

四、优秀部门奖：（共计 1 550 元）

1. 优秀部门先进奖：业务部

经理（苏仪兴）150 元 +（职员）500 元 =650 元

2. 优秀部门进步奖：品管部

主管（曾令辉）100 元 +（职员）400 元 =500 元

3. 优秀部门鼓励奖：PMC 部

经理（邹晓丹）80 元 +（职员）320 元 =400 元

五、特殊贡献奖：2 人 ×150 元 =300 元

特殊贡献奖获奖人员：梁敏业、胡永红

总计：5 780 元

编制： 批准：

范例三：

项目管理总结表彰大会议程

一、时间：2020 年 12 月 30 日下午 17：00~18：39（16：50 入场）

二、地点：文华酒店

三、会议主持：钱海平

四、大会协助：人事行政部

五、摄影：赵小兵

六、音响：孙大鹏

七、参会人员：全体员工

八、会议目的：

通过总结项目管理以来取得的各项成绩、各种变化，以及各项不足之处，表彰精细化管理过程中取得成绩的团队及个人，鞭策落后个人及团队，以激励员工继续将精细化管理持续下去，真正实现公司与员工达到共创共赢的目的。

九、会议要求：

1. 由各部门、车间负责人领队入场，在对应的区域就座；

2. 按规定的入场与退场顺序进行，遵守会议纪律。

十、会议具体安排如下（见表 11-2）：

表11-2 会议安排

序号	环节	内容	预计时间
1	各部门员工入场 16：50~17：00	1. 人事行政部牵头，各部门负责人组织本部门人员排好方队，清点人数，引导方队入场，并按指定位置就座； 2. 部门管理人员站在方队前列； 3. 入场时，播放运动员进行曲音乐	10分

— 205

续表

序号	环节	内容	预计时间
2	会议开场白	主持人宣布会场纪律及大会主题	1分
		主持人介绍主席台在座的公司领导及聚航老师	1分
3	优秀员工代表发言	作精细化管理总结发言	5分
		颁发优秀员工奖金及全体人员合影	8分
4	进步管理代表发言	作精细化管理总结发言	5分
		颁发进步管理奖金及全体人员合影	3分
5	"进步团队"代表发言	作精细化管理总结发言	5分
		颁奖及全体人员合影	3分
6	"优秀团队"代表发言	作精细化管理总结发言	5分
		颁奖及全体人员合影	3分
7	吴总总结讲话	宣读顾问感谢信,为每个辅导老师(包括董事长、总经理)颁发长期顾问聘书,并与老师们合影留念	10分
8	吴董总结讲话	对精细化管理做总结讲话,为咨询公司颁发感谢牌,并与董事长合影留念	10分
9	项目组长周柏平老师对项目做总结讲话	项目负责人对整个项目的亮点和不足做总结,并指引未来改进方向	10分
10	总经理对项目做指导	阐述项目的难点和未来的注意事项	10分
11	董事长最后讲话	对企业未来的管理走向提出方向性指引,将项目管理资料汇编交给吴董,并与吴董合影留念	10分
12	大会结束	主持人宣布项目管理总结表彰大会圆满结束,与会人员有秩序离场。离场时,播放《明天会更好》音乐	合计99分

重点:

一、大会策划、组织、实施:总经理助理。各个部门必须配合;

二、感谢信完稿:总经理助理协助总经理完成;

三、《SF精细化管理资料汇编》电子档和纸质版印刷完成、顾问聘书制作完成、感谢牌完成:总经理助理安排、指导、监督,人事行政部具体落实;

四、大会每个环节,须安排摄影,会后,人事行政部安排张贴。

总经办

2020年10月30日

11.2　结案交待千万别忘了制造企业文化的打造

行业里有两句话叫："变山变水先变人，变人要变带头人。火车跑得快，全靠车头带。"

我们为什么说打造制造企业文化，而不是说建设制造企业文化呢？是因为制造企业文化，是从上往下形成的，不是从下往上可以形成的。

本书所说的制造企业文化，主要是指制造企业的核心价值观、愿景、使命和战略目标。

价值观，就是制造企业存在的目的和意义；愿景，就是制造企业要发展到什么程度；使命，就是制造企业为客户创造什么价值；战略目标，就是制造企业要达成的财务目标。价值观，是用来选"亲信"的；愿景，是用来选"忠臣"的；使命，是用来选"骨干"的；战略目标，是用来选"能人"的。

好的制造企业文化是能起到凝聚人心和使企业基业长青的。

11.3　做好后期的项目的维护安排

项目结束后的维护非常关键，不能因为项目结束了，就觉得项目管理不延续了。项目结束了，是新项目的开始。制造企业只有永远不停地做合理的创新，才有前途。管理改善，永无止境。

附　录

（一）来料检验控制流程卡

详见附表1。

附表1　来料检验控制流程卡

×× 公司	文件编号	SH-PZ—LC-01
	文件版本	A/1
来料检验控制流程卡	生效日期	2022-04-15
	页　　码	

文件更改一览表

版本	更改内容	更改日期	更改人
A1	5.13 更改为：来料检验如端板等可论数量之材料抽样数按 2% 执行	2022-03-29	刘凡

确认栏	部门	副总经理	总经理助理	人力资源部	营销部	计划部	生产一部	生产二部	技术品质部	混凝土部	运输部	采购部	财务部	稽核办	管理者代表
	确认签字			—	—						—				
拟制						审核					批准				

（二）生产异常处理作业流程

生产异常处理作业流程

1. 目的

为迅速、有效地处理生产过程中发生的生产异常，将生产异常所影响损失程度降到最低，以及使生产运作尽快恢复正常状态，特制定本流程。

2. 适用范围

适用于公司生产车间所发生的生产异常。

3. 定义

3.1 生产异常：所指的是：设备故障、模具损坏、品质问题、技术问题、人员不足等异常，进而会影响订单交付货期。

4. 职责

4.1 生产部：负责生产异常的初步分析与控制；生产过程中人员、工具、刀模、设备类等异常的解决；及针对生产异常所拟定的应急措施与长期预防措施的实施；

4.2 技术部：负责技术工艺、品质异常的解决；负责模具问题的异常解决；负责生产异常应急措施与长期预防措施的效果确认与跟进；

4.3 人力资源部：负责设备的维修；

4.4 PMC 部：负责发生生产异常后生产计划、物料的协调。

5. 作业规范

5.1 当车间出现生产异常时，车间组长立即 5 分钟内进行现场分析，并做出如下控制：

5.1.1 立即赶到事发现场；

5.1.2 立即制止有问题物料的生产；

5.1.3 立即拟定应急解决措施，使生产恢复正常状态；不能解决的要立即做出控制，以防止事态进一步扩大；

5.1.4 车间组长对于出现的生产异常自身不能解决的，或自身能解决但需停产 2 个工作小时以上的，必须在发生生产异常时 30 分钟内填写生产异常联络单通知车间主管；

5.1.5 车间主管接到通知时，如遇正在会议中的，由车间主管职位代理人向车间主管汇报，若确因发生重大异常导致停产、工伤、物料品质不立即判定会停产的等情况，车间主管可向会议主持人提出申请，前往现场进行处理异常。

5.2 车间主管判定生产异常涉及其他车间或部门的，须立即通知相关责任人赶到现场共同进行处理，相关责任人接到通知后，在 10 分钟内赶到生产现场对异常进行处理。如不能亲临现场处理的，可委派人在规定时间内到达现场进行处理。

5.3 车间主管无法解决生产异常，需生产厂长协调解决的，应立即向生产厂长进行反馈，生产厂长收到信息后，在 10 分钟内前往现场进行处理。若属于设备异常的，由生产厂长通知人力资源部维修人员对设备进行检修，如不能在规定时间内完成的，维修人员则需向生产单位说明，同时提出停产申请，并回复确定修好的具体时间，待维修好后由车间主管确认签署维修结果。

5.4 生产异常需技术部处理的，车间主管需立即通知技术部主管。技术部主管需在收到通知后 10 分钟内前往现场处理。技术部主管针对异常情况进行分析及处理，并拟定应急解决改善措施，必要时组织相关部门召开专题会议讨论解决。若厂内技术部解决不了的问题，技术部主管报请总经理向外部寻求资源解决。

5.5 若属于欠料异常影响本工序生产的，由本工序组长列出欠料明细，交上工序组长负责回复交付时间。双方协调未果的，上报给车间主管处理，车间主管协调不了的，上报至生产厂长处理。物料异常导致需调单或挪用物料生产的，由车间主管书面向 PMC 主管提出申请，若因此需做交期调整时，由 PMC 部与业务部沟通处理。

5.6 经拟定的应急改善措施，在实施验证后评估可行的，由主导人将此改善措施记录于生产异常联络单的应急措施栏内，并将恢复正常生产时间写于生产异常联络单对应栏内。

5.7 待生产恢复正常后，属于生产部各车间主管拟定长期对策的，由车间主管负责，车间主管解决不了的，上报至生产厂长处理；属于技术部拟定长期对策的，由技术主管负责；但必须做深层次根本原因的分析，并在 2 个工作日内召集相关责任人，将所拟定的长期预防改善对策写在生产异常联络单上，经责任人签字确认后，在 1 个工作小时内分发到责任人各一份、PMC 部一份，责任人在责任时间内实施，并验证效果。

6. 应用表单

6.1 生产异常联络单

7. 管理办法

7.1 发生生产异常导致停产 2 个工作小时（含）以上，车间组长仍未向车间主管汇报处理的，处罚责任组长 5 元 / 次；

7.2 责任单位未在规定时间内（或派人）赶到现场对问题进行分析处理的，处罚 5 元 / 次；

7.3 未将应急解决措施写于生产异常联络单的，处罚主导人 5 元 / 次；

7.4 生产异常解决使生产恢复正常后，未在 2 个工作日内拟定长期预防改善对策，处罚责任人 5 元 / 次；

7.5 所拟定的长期预防改善对策，责任人未在规定时间内完成的，处罚 5 元 / 次；

7.6 发生生产异常时，未按规定提报或处理，管理人员工作失职的，导致因进度落后、质量返工等给公司造成严重经济损失的，处以责任人 100~500 元不等的罚款；

7.7 未按规定时间送交相关单据的，处罚责任主导人 5 元 / 次；

7.8 违反本流程其他作业者，一律处罚 5 元 / 次。

（三）生产异常处理流程图

详见附表2。

附表2　生产异常处理流程图

序号	作业流程	责任人	表单	作业内容
1		车间组长	—	当生产异常发生时，车间组长需立即对异常情况做出初步判断，估计其严重性，能解决的立即处理，使生产恢复正常
2		车间主管／责任部门负责人	生产异常处理联络单	车间组长无法立即排除生产异常，且有可能影响到生产进度、品质时，需立即填写生产异常处理联络单交车间主管，车间主管须立即到达现场排除生产异常。需生产厂长处理的，立即向生产厂长反馈
3		技术主管	生产异常处理联络单	车间主管无法解决生产异常的，必须立即通知技术部主管前往现场进行排除生产异常
		车间主管技术主管生产厂长总经理	生产异常处理联络单	技术主管无法解决生产异常的，需总经理处理的，须立即向总经理汇报
4		车间组长	生产异常联络单	车间组长根据生产异常处理小组拟定的解决措施先制作出首件，经生产异常处理小组确认效果后，方能进行批量生产。若暂无法解决需调单生产的，车间主管则须向PMC部主管申请调整计划
5		技术主管车间主管生产厂长	生产异常联络单	生产恢复正常后，责任主导人针对所发生的生产异常问题进行深层次的分析
7		技术主管车间主管生产厂长	生产异常联络单	责任主导人找出根本原因后，必须制定的长期预防改善对策，反复进行生产效果验证，技术主管进行跟踪
8		技术主管相关责任人	生产异常联络单	经效果确认后，将正确的对策填写在生产异常联络单对应栏内，并由相关验证单位责任人将所验证的效果填写在生产异常处理联络单对应栏内

（四）生产异常处理联络单

详见附表3。

附表3　生产异常处理联络单　　NO：

发出车间		发出人		发出时间	年　月　日　时　分	
发出组别		接收人		恢复生产时间	年　月　日　时　分前	
客户名称		生产单号		工厂货号		订单数量
异常原因		□资料问题　纸格问题　设备问题　来料不良问题　制程作业不良　□其他：＿				

异常现象描述（由提报人填写）：

已生产____个
未生产____个

签名：

序号	应急解决改善措施	提出人	责任人	效果
1				
2				
3				
4				
5				

根本原因分析：

签名：

责任归属：□技术部/____组；□业务部；□生产部/____组；□其他____

序号	拟定长期预防改善对策	责任人	完成时间	签名效果
1				
2				
3				
4				
5				

车间主管：　　　生产厂长：　　　技术部：　　　总经理：

（五）生产表单内部运作作业流程

生产表单内部运作作业流程

1. 目的

为了更加清晰公司的生产运作，使各部门在生产中得到更清晰、更准确的资料，方便了解在生产过程中的物料动向及客户要求，杜绝因材料欠缺或资料不明晰导致车间生产停工待料的现象，特制本流程。

2. 适用范围

本公司订单的内部运作。

3. 定义

3.1 生产表单：生产表单包括内部生产单生产物料清单生产物料用量表；

3.2 内部生产单：是业务部根据客户的订单，转换成内部的相关表单，其内容包括：订单数量、产品颜色、包类型、客户订单号、本公司内部生产单号、客户要求等信息；

3.3 生产物料用量表：是指每个系列产品所包含的每种物料的总和，用于 PMC 物控员统计生产用料及仓库备料，以及生产部领核对物料用，原始资料由技术部提供；

3.4 生产物料清单：是指每个系列每个款所包含的部件清单，用于生产部各环节清点物料用，由 PMC 生管员发出。原始资料由技术部提供。

4. 职责权限

4.1 业务部：把客户订单生产需求换成内部的生产单，并跟踪订单在公司的内部运作进度，更好地服务客户；

4.2 PMC 部：依据内部生产单，按技术部提供的生产表单的原始数据，制订出相关的生产物料用量表及生产物料清单，并按生产物料用量表结合库存物料，做出物料申购。提供生产部、仓库相关的生产表单；负责相关表单资料异常信息反馈到技术部并作跟进处理；

4.3 生产部：按 PMC 提供的生产表单进行安排生产及生产表单资料异常的反馈；

4.4 仓库：按 PMC 提供的生产物料用量表及生产单安排仓库备料；

4.5 技术部：负责提供原始的生产物料用量表、生产物料清单资料提供给 PMC 部，负责资料异常的变更。

5. 单据的操作流程

5.1 客户订单与内部生产单的转换的操作流程；

5.1.1 业务跟单接到客户订单后，根据订单要求在 4 个小时内转换成内部用的内部生产单，并交 PMC 主管进行订单评审；

5.1.2 内部生产单的相关图片、产品颜色、尺寸、加工费、产品工厂编号等资料由开发报价员在接到业务部提供的客户订单后 2 个小时之内提供给业务部，特殊情况双方书面协商好；

5.1.3 PMC 主管接到业务跟单提供的内部生产单后按订单评审作业流程组织相关部门进行评审；特殊订单（如礼品单、急单）必须在 1 小时之内从业务员接到客户通知到 PMC 订单评审完毕完成；

5.1.4 内部生产单经业务员盖好"受控订单"字样后，PMC 主管接到正式的内部生产单后，必须在一个工作日内把相关的生产表单做好；

5.1.5 凡 PMC 部没有相关生产表单的原始资料的，由 PMC 主管以内部联络单的形式，通知技术部主管，要求其提供相关的资料；

5.1.6 技术部主管接到 PMC 主管的通知后，在 4 个工作小时内必须提供相关的资料交与 PMC 主管并做好相关的交接记录；

5.1.7 对旧款的生产表单资料，PMC 部可以先用旧的生产单资料，来统计物料的用量，制定相关的生产物料用量表，再通知技术部提供相关生产表单资料，原则上旧款生产表单的资料在裁床投产前 4 个小时内必须提供到 PMC 部。

5.2 生产表单在 PMC 部内部的操作

5.2.1 PMC 主管编制好相关的生产表单后，把正式的内部生产单分别与生产物料清单及生产用量表单装订在一起；

5.2.2 PMC 主管把内部生产单和生产物料用量表交 PMC 部物控员做好

交接时间的记录；

5.2.3 PMC 部物控员收到相关的生产表单后，进行物料的统计，并根据物料控制作业流程的相关操作，在一个工作日内把订单所欠的材料做好物料申购交采购员购买材料；

5.2.4 PMC 部物控员必须在 2 个工作日内，把相关的生产单所欠的物料情况进行跟踪。把相关的欠料信息（包括所欠物料名称、数量、颜色、申购日期、回厂日期等）汇总编制成欠料跟催表签名并交 PMC 主管，并按采购回复的日期进行跟催；

5.2.5 PMC 主管在规定时间内收到相关的欠料跟催表后，把物料到位的情况记录在生产计划中，并在 4 个工作小时内把相关的生产物料清单一起交与 PMC 生管员，做好交接记录表；

5.2.6 PMC 生管员收到相关的生产表单后，每天按主生产计划的安排，监督物料回厂的实际情况，进行对生产部的生产进行安排；

5.2.7 在操作过程中如遇特殊情况，无法在规定时间内完成的，必须以内部联络单形式向总经理提出申请延迟操作。

5.3 生产表单在相关部门的运作

5.3.1 生产表单齐料需投产后，由 PMC 生管员把相关的生产表单与裁床车间周计划台面组周生产计划一起分发到各相关部门的负责人处；

5.3.2 生产表单中的生产物料清单由 PMC 生管分发到相关的生产部门负责人后，由该部门负责人安排相关的收发人员进行保管；

5.3.3 生产物料清单的保管原则是：每个客户公司一个文件夹，每款产品一份相关的明细物料清单，与同系列产品按编号顺序保管好；

5.3.4 在生产表单的流动过程中，生产表单必须随着物料一起与下工序部门相关人员进行交接，接收部门严格按表单的内容进行物料的清点。

6. 生产表单的资料异常信息反馈

6.1 客户要求更改

6.1.1 属客户特殊要求更改的（需要加压唛头的、改唛头的、改其他材料、尺寸等）信息，则由业务跟单员把客户的要求信息注明清楚在内部生产单上，再交 PMC 主管；

6.1.2 PMC 主管接到业务跟单的内部生产单后，需把相关的客户信息以内部联络单的方式，通知技术部主管，要求其更改相关的资料且准备好相关的纸格和模具；

6.1.3 技术部接到 PMC 主管通知后，必须在 4 个工作小时内更改好相关的资料，并以更改通知的形式，通知 PMC 部更改资料，并在生产投产前 4 个小时内准备好的纸格、模具交三楼办公室生产文员处，并做好交接记录。

6.2 生产制程中资料异常更改

6.2.1 在生产过程中发现资料错误的，按生产异常处理作业流程的规定操作，相关的部门以生产异常联络单的方式，把相关的问题提交到技术部，按相关的工程变更控制卡规定由技术部文员发放更改通知到各相关的部门，同时把更改好的原始生产表单的资料电子档复制一份交 PMC 部主管，做好交接记录；

6.2.2 在生产过程中，若由于资料错误，造成停工待料的，相关的部门应在半个小时内填写好生产异常联络单的方式把欠料的数量交技术部，技术部主管在半个小时内核实情况，并安排技术部文员发放更改通知到各相关的部门，同时把更改好的原始生产表单的资料电子档复制一份交 PMC 部主管，做好交接记录；

6.2.3 欠料的部门把补数申请单填写交车间收发员进行补料，如工厂没有材料可补数，则要求 PMC 主管以书面的形式承诺物料到位的情况并做好跟踪工作；

6.2.4 PMC 主管接到更改通知后，通过查库存、申购的办法满足生产的物料需求，并在 15 分钟内回复欠料的部门物料到位时间；

6.2.5 技术部负责把每个星期的生产表单资料更改信息进行统计，每周六下午 6 点前交稽核中心一份。

7. 考核指标

7.1 每个星期，由 PMC 部对资料错误进行统计次数，并在管理变革例会上作通告；

7.2 生产部每周对 PMC 部的欠料次数进行统计，并在管理变革例会上作通告。

8. 相关表单

8.1 内部生产单；

8.2 生产物料清单；

8.3 生产物料用量表；

8.4 物料跟催表。

9. 相关的流程制度

工程变更控制卡；生产异常联络单；订单评审作业流程；物料控制作业流程。

10. 责任

10.1 未按本流程规定时间操作的，处罚 10 元 / 次；

10.2 PMC 部没按规定把相关的生产表单分发到各部门的，处罚 10 元 / 单；

10.3 没按规定把相关的表单随物料一起移交下一部门的，上工序部门责任人处罚 10 元 / 单；下工序部门没要求上工序部门移交相关表单的，上下工序部门各处罚 10 元 / 单；

10.4 资料有错漏的，未造成损失的，处罚相关责任人 5 元 / 单，对造成公司损失的，按赔偿控制度追究责任；一个月内技术部提供的原始资料无错误的，奖励资料员 50 元 / 月，由 PMC 部主管提报；

10.5 没按其他相关规定操作的，处罚 10 元 / 单，造成公司损失的，按赔偿控制度追究责任；

10.6 对于生产表单资料，如对发现资料有误及时以书面形式提报的，奖励提报人 10 元 / 单；对已生产过的产品，资料还存在错误的，相关的责任部门处罚 20 元 / 单。

（六）生产表单内部运作作业流程图

详见附表4。

附表4　生产表单内部运作作业流程图

序号	作业流程	责任人	表单	作业内容
1		业务跟单员	客户订单	接收客户订单，传达客户要求
2		业务跟单员	内部生产单	把客户的要求、订单信息注明在内部生产单上
3		PMC主管、技术部主管	生产物料清单、生产物料用量表	①由技术部提供原始的生产表单数据；②PMC主管根据正式的内部生产单结合技术部提供的原始生产表单编制生产用的正式生产表单
4		PMC物控员	内部生产单、生产物料用量、表物料跟催表	PMC物控员按PMC主管提供的生产表单，做好物料申购，跟催物料及编制物料跟催表
5		PMC生管员	内部生产单、生产物料清单、物料跟催表	依据每张内部生产单、物料回厂情况对物料进行了解跟踪
6		仓库主管	内部生产单、生产物料用量表	齐料后的生产单交仓库主管安排备料
7		PMC生管员	内部生产单、生产物料清单、主生产计划、生产物料用量表	齐料后的生产表单，由PMC生管员对生产的进度进行生产车间排产
8		生产部各车间负责人	内部生产单、生产物料用量表、生产物料清单	按PMC部提供的相关生产表单，进行生产：清点物料，按要求生产
		包装部	内部生产单、生产物料用量表	对车间生产完毕后的生产表单进行交接

（七）内部生产单

详见附表 5。

附表5　内部生产单

生产单号：			订单号：			
客　　号：			下单日期：			
物料名称：			出货日期：			
工厂编号						
公司货号						
颜色						
尺寸（长 mm* 宽 mm* 高 mm）						
订单量（PCS）						
图片						
客户要求：						

复核：　　　　审批：　　　　制表：　　　　制表日期：

（八）产品物料清单

详见附表 6。

客户		款号		主皮
客户产品编号				配皮

一、物料清单（BOM）

序号	部件名称	物料描述	投料单位	件数	备注
	主皮：P681		台面		
	配皮：P689		台面		
	L117 配色料（Y）		台面		
	L124 撞色料（Y）		台面		

附表6 产品物料清单

序号	部件名称	物料描述	投料单位	件数	备注
	主皮：P681		散件		
	配皮：P689		散件		
	L124 撞色料（Y）		散件		

附录

— 221

续表

序号	部件名称	物料描述	投料单位	件数	备注
	新红啡里布 (Y)		台面		
	180G 不织布 (Y)		台面		
	360P 纸 (Y)		台面		
	0.8 日本纸 (Y)		台面		
	0.4 黑胶片 (Y)		台面		
	0.6 黑胶片 (Y)		台面		

序号	部件名称	物料描述	投料单位	件数	备注
	新红啡里布 (Y)		散件		
	70G 不织布 (Y)		散件		
	0.4 快巴纸 (Y)		散件		
	0.6 快巴纸 (Y)		散件		
	0.6 软杂胶 (Y)		散件		
	2 分半泥胶 (Y)		散件		
	4.0 泥胶 (Y)		散件		
	五金 (PCS)		散件		

续表

序号	部件名称	物料描述	投料单位	件数	备注
	五金 (PCS)		台面		
	5# 叻色铜牙克色拉链布 (Y)		台面		
	3# 胶牙克色拉链布 (Y)		台面		

序号	部件名称	物料描述	投料单位	件数	备注
	一寸半厚克色斜纹织带 (Y)		散件		
	一寸半克色平纹织带 (Y)		散件		
	2分半 0.3 钢片 (Y)		散件		
	4分 0.3 钢片 (Y)		散件		
	3分 0.5 钢片 (Y)		散件		
	三寸克色橡筋 (Y)		散件		

（九）物料用量表

详见附表 7。

附表7　物料用量表

生产单号：CD07-3004								订单号：			
客　　号：比华利保罗								下单日期：			
皮料名称：P711 啡色进口二层皮 /P705 啡色国产头层皮								出货日期：			
工厂编号		1	2	3	4	5	6	实际总用量	损耗	总用量	领料签名
公司货号											
颜色											
尺寸（长 mm* 宽 mm* 高 mm）											
订单量（PCS）											
主料	SF										
	SF										
	Y										
	Y										
	Y										
	Y										
副料											
加工费	元 / 个										
其他											

审批：　　　　　　复核：　　　　　制表 / 日期：

（十）欠料跟催表

详见附表 8。

日期： 年 月 日 时　　　　　　　　　　　　　　　附表 8　欠料跟催表　　　　　　　　　　　　修改次数：　次

序号	业务编码	客户	合同号	生产单号	客户货号	工厂货号	订单数量	欠料名称	颜色	欠料数量	单位	物料需求日期	采购回复交期	责任人签名确认	实际入仓交期

物控主管：　　　　　　　　　　PMC 经理：　　　　　　　　　　责任采购：

（十一）品牌分管制度

品牌分管制度

第一条：目的

实行个人品牌积分，是公司明确提倡什么、反对什么的行为导向，激励员工用自己的良好言行建立起受人尊重的信誉品牌，促进员工在职业化道路上健康成长。

第二条：适用范围

1. ×× 有限公司全体同仁，均适用此规则；

2. 各部门内部品牌分管理制度自行制定、执行和调整，不适用本规则。

第三条：品牌分规则

1. 总经理、副总经理可以给公司所有员工直接进行加减分，根据具体表现对应加减分区间为 1~5 分；

2. 可通过书面形式或邮件平台说明事实和数据申请加分（分值区间为 1~2 分），总经理或副总经理同意后生效；

3. 根据每周质询会结果，对应加减公司层面品牌分，具体：陈总或吕副总对周结果质询满意加 2 分，基本认可加 1 分，不满意不加减分。

第四条：品牌分管理

公司层面品牌分制度由 4RC00 负责监督执行，每周一 12：00 前由 4RC00 助理在邮件平台提交品牌分累积红黑榜，并粘贴至公司展示墙。

第五条：制度生效

该制度自发布日起，试运行一个月。一个月后，由总经理办公室根据建议和意见调整后正式执行。在试运行期间，未尽事宜，最终由总经理办公室解释。

（十二）员工福利管理制度

员工福利管理制度

1.0 目的

为了给员工营造一个良好的生活、工作氛围，增强员工归属感，鼓励员工长期为制造企业服务，从而促进制造企业的发展，进一步推动公司企业文化建设，形成良好的企业向心力和凝聚力。公司为不断落实员工五个方面需求：吃、住、工资、福利、休息，并结合具体情况，遵循薪酬管理制度，特制定本制度。

2.0 范围

制造业全体员工

3.0 权责

3.1 人力资源部：负责本制度的制定、修改、解释、实施、废止等工作。

3.2 财务部：负责全体员工工龄的核对，相关报表的存档，奖金的发放等工作。

3.3 稽核中心：负责本制度的全面监督，发现问题的，及时书面上报到总经理、董事长处置。

3.4 董事长：负责核准本制度的制定、修改、废止等。

4.0 细则

4.1 工龄奖金福利管理规定

4.1.1 按年度计，按照员工在公司工作服务年限，每年公司为员发放工龄奖金福利，具体见附表9。

附表9　工龄奖金标准

工作服务年限		员工工龄奖金标准
连续工作不足1个月的		1 000元/年
连续工作满1个月以上	至　满1年不足1个月的	2 000元/年
连续工作满1年1个月以上	至　满2年不足1个月的	2 500元/年
连续工作满2年1个月以上		3 000元/年

4.1.2 享有工龄奖金的条件：每年年初，员工按公司规定时间准时开工的，根据在公司工作服务的年限，享受对应标准的工龄奖金；

4.1.3 有以下任何一种情况的，员工已累计的工龄归零；

4.1.3.1 已办理了年底结清工资后的员工，在次年年初没有准时开工，又没有办理请假手续，而且自开工之日起第3天仍未上班的；

4.1.3.2 未办理年底结清工资的在职员工，在次年年初没有准时开工，又没有办理请假手续，而且自开工之日起第 3 天仍未上班的；

4.1.3.3 中途办理离职手续离职后的员工；

4.1.4 工龄奖金的发放时间表（见附表 10）：

附表10　工龄奖金发放细则

工龄奖金发放	次年5月1日	次年10月1日	次年年底放假前1天
发放金额（总 2 000 元）	300 元	700 元	1 000 元
发放金额（总 2 500 元）	400 元	800 元	1 300 元
发放金额（总 3 000 元）	500 元	1 000 元	1 500 元

* 凡员工中途离职的，未发完的工龄奖金，则不予发放。

* 举例说明：刘德华于 2010 年在本公司任职半年，必须在次年年初准时开工的才享有工龄奖金。且工龄奖金是在次年的 5 月 1 日、10 月 1 日、年底放假前 1 天分三个时间段发完。

4.1.5 人力资源部于每年 12 月 25 日前，统计全体员工的员工工龄年限一览表交财务部进行核对、稽核中心审核，呈报董事长批准；交一份财务部存档、一份稽核中心存档，并附对应电子档文件。以准时开工前的工作时间计算工龄。

4.2 新员工准时开工奖福利规定

4.2.1 每年年初，新员工按公司规定时间开工报到的（当天内报到有效，过时不再享有），则奖励新员工 1 000 元；

4.2.2 新员工准时开工奖金的发放（见附表 11）：

附表11　新员工准时开工奖金发放细则

工龄奖金发放	本年度5月1日	本年度10月1日	本年度年底放假前1天
发放金额（总 1 000 元）	200 元	300 元	500 元

* 凡员工中途离职的，未发完的奖金，则不予发放。

4.3 人力资源部每年年初开工当天登记好老员工准时开工登记表、新员工开工报到登记表，于当天下班前交一份到稽核中心、一份到财务部存档；由稽核中心进行监督登记。

4.4 娱乐活动福利设施

4.4.1 为丰富员工业余娱乐生活，陶冶情操，锻炼身体，增加员工对公司文化的认同感，公司为员工建设有篮球场、羽毛球场、乒乓球室、台球室等娱乐设施。

4.5 介绍新员工奖金福利规定

4.5.1 我司在职人员，每介绍一名新员工年初开工报到的（当天），且工作满 6 个月的，奖励介绍人奖金 200 元，继续工作至本年年底的，再次奖励介绍人 300 元奖金。共 500 元。

4.5.2 我司在职人员，每介绍一名新员工中途入职的，且工作满 6 个月的，奖励介绍人奖金 100 元；接着继续工作 3 个月的，再次奖励介绍人 200 元奖金。共 300 元。

4.5.3 介绍新员工奖金发放时间：在新员工工作期满的次月月底、年底放假前 1 天的两个时间段，则将对应的奖金发放给介绍人。中途离职的介绍人，未发完的介绍奖金，则不予发放。

（十三）员工基金管理制度

员工基金管理制度

1.0 目的

关怀员工，增强制造企业凝聚力。

2.0 适用范围

×××有限公司全体员工。

3.0 资金来源

3.1 所有违纪违规罚款（但不含绩效考核扣款）。

3.2 员工自愿捐款（普通员工按每月工资的千分之一；副科级、正科级按每月工资的千分之二；副总级按每月工资的千分之三。不捐款者不享受基金制度规定的各项条款）。

3.3 公司每月拨专款（金额等于全体员工每月捐款金额的总和）。

4.0 基金使用范围及标准

4.1 救助

4.1.1 员工患有或遭受一次性医疗费用在 5 000 元以上的重大疾病或意

外伤害而需要救助的（需镇级或镇级以上医院的证明），救助金额为300~1 500元，且每人每年最多享受一次。

4.1.2 员工家庭遇到特殊困难（指家庭遇到灾祸，或者配偶、子女、父母患有、遭受一次性医疗费用在5 000元以上的重大疾病或意外伤害）需要救助的（需凭员工户口所在地的乡镇、街道办事处的证明，或镇级以上医院的证明），救助金额为200~500元，且每人每年最多享受一次。

4.2 慰藉：员工父母、配偶、子女逝世（凭户籍所在地公安部门或者民政部门证明），每人200元。

4.3 庆贺：员工结婚（凭结婚证）、子女考上大学（凭录取通知书）、生孩子（凭准生证以及户口本），每人发放200元及鲜花一束。

5.0 审批程序

5.1 用于救助、慰藉、庆贺的审批程序

5.1.1 由需要救助、慰藉、庆贺的员工到人力资源科领取员工基金申请表填写好，交部门负责人审核。

5.1.2 申请人所属部门负责人收到员工基金申请表后，在1个工作日内审核完毕，如果认为不符合条件，则退回给申请人；如果认为符合条件，转交人力资源科审核。

5.1.3 工会主席收到员工基金申请表后，在1个工作日内审核完毕，如果认为不符合条件，则退回给申请人的部门负责人；如果认为符合条件，予以公示。公示后3个工作日内没有得到任何异议的，则报行政副总审批；如有异议，则重新审核。

5.1.4 行政副总收到员工基金申请表后，在2个工作日内审批完毕，批准申请的转交财务科，由财务科发放相应资金；没有批准申请的，转交工会主席，由工会主席负责向申请人解释。

5.1.5 财务部收到经行政副总批准的员工基金申请表后，2个工作日内通知申请人领款。

6.0 基金管理

6.1 财务科单独建立员工基金账目，每月5日前（放假顺延）公布上月基金使用情况及余额。

6.2 工会委员会负责对基金账目以及使用情况进行监督。

7.0 处罚规定

7.1 故意弄虚作假者，对责任人每次处以申请金额两倍处罚。

7.2 不认真审核，造成失误者，对责任人处以申请金额 0.5 倍处罚。

7.3 违反本制度其他条款，每违反一条处罚 20 元。

8.0 相关表单：

员工基金申请表（见附表 12）。

附表12　员工基金申请表

申请人		部门			岗位	
申请性质	□救助　　□慰藉　　□庆贺			申请金额		
申请理由： 　　　　　　　　　　　　　　　　申请时间：　年　月　日						
申请人所属部门负责人审核意见： □情况属实。　　□情况不属实。 　　　　　　　　签名：　　　日期：　年　月　日						
工会主席审核意见： □情况属实，同意给付　　　元。　　□情况不属实，不同意给付。 　　　　　　　　签名：　　　日期：　年　月　日						
公示日期	年　月　日		公示结果	□有异议，异议属实。 □有异议，但异议不属实。 □无异议。		
管理部经理审批意见： □同意给付　　　元。 □不同意给付，理由： 　　　　　　　　签名：　　　日期：　年　月　日						

（十四）滚动计划管理办法

滚动计划管理办法

1.0 目的

为了更好地规范本公司滚动生产计划管理办法，确保滚动计划得到有效的执行，特制订本管理办法。

2.0 适用范围

适用于本公司滚动生产计划管理办法的编制、评审、执行、调整、跟进及考核作业。

3.0 作业规范

3.1 七天滚动生产计划编制、评审、执行

3.1.1 PMC 计划员依据月生产计划，周出货计划及前 1 天的滚动计划制定后一天的滚动计划；滚动生产计划每天须更新，每次更新需列出现七天的生产计划。

3.1.2 滚动生产计划必须完整填写编号、编制日期等计划表上要求的内容；PMC 部把原件存档（保存期限为 6 个月），复印件分发至相关部门，作为各相关部门绩效考核的原始依据。

3.1.3 为了更好地说明滚动生产计划，分别设 N、N+1、N+2、N+3、N+4、N+5、N+6 表示七天滚动生产计划；N 为第一天生产计划，N+1 为第二天生产计划，N+2 为第三天生产计划，N+3、N+4、N+5、N+6 分别表示第四天至第七天的生产计划；另设 N-1 为前一天的生产计划，N-2 为前两天的生产计划。

3.1.4 在滚动生产计划里，N（第一天生产计划）与 N+1（第二天生产计划）为完全冷冻生产计划，完全冷冻生产计划在原则上不允许变动，如特殊情况需要调整，必须经总经理（或指定代理人）在调整后的完全冷冻生产计划上签名同意才能生效；N+2（第三天生产计划）为半冷冻生产计划，在第一天的滚动生产计划未下发前为准备生产

计划，在下发后转为完全冷冻计划；滚动计划后四天为待准备生产计划，PMC 经理可根据实际情况作适当的调整。

3.1.5 进入准备生产计划的必要条件：

3.1.5.1 所有包装资料已经确定；

3.1.5.2 客户交货日期已确定并处于生产提前期（生产周期＋安全周期）范围内；

3.1.5.3 产前样品已确认（装配车间主管根据实际情况安排打板组制作产品首样，并经品管检验合格），证书齐全；

3.1.5.4 生产系统已确认订单评审中的技术、工艺、检验问题能在预定生产时间前彻底解决（否则由 PMC 集中各部门意见向销售部反馈）；

3.1.5.5 如不能同时满足以上条件而要进冷冻期的，必须按 3.1.7 条款操作。

3.1.6 进入完全冷冻计划的必要条件：

3.1.6.1 首先是准备生产计划，已处于半冷冻状态且已事先确认；

3.1.6.2 客户装柜日期或客户交货日期已确定；

3.1.6.3 所有物料（包括包装物料）已入库或完全可以保证在上线前一天到位且检验合格入库；

3.1.6.4 如不能同时满足以上条件而要进入冷冻期的，必须按 3.1.7 条款操作。

3.1.7 冷冻限制：

3.1.7.1 不符合相关条件的，不允许进入冷冻期；

3.1.7.2 如需对完全冷冻计划进行调整，必须经销售部经理、PMC 部经理组织相关部门共同协商确定，并牵头制定相应的应急措施，报总经理批准（或指定代理人）方可调整；

3.1.7.3 冷冻期内的计划调整范围原则上不得超过计划数的 30%。

3.1.8 第一天的生产计划（N）须在两天前的 11：00 前，经相关部门评审确定为完全冷冻计划并在前两天的滚动生产计划上签名确认，分发至相关部门，并在两天前 14：30 以前，PMC 计划员和物控员须把第一天生产计划（N）的生产制令单分发至相关部门人员，相关部门人员完成审核后须在规定的时间内交给仓库（具体参见生产制令单作业处理流程），仓库须严格按生产制令单要求备料完成时间完成备料工作；同理，N+1（如第二天生产计划）确定为完全冷冻生产计划，在前一天的滚动生产计划上确认，N+2（如第三天生产计划）确定为完全冷冻生产计划，在第一天的滚动生产计划上确认，以此类推。

3.1.9 半冷冻生产计划在滚动生产计划后五天五个准备生产计划中产生，PMC 计划员在选择五个准备生产计划中选出谁为半冷冻生产计划的前三天就要详细查明外协、外购物料的库存情况及采购进度、自制五金件库存情况及生产进度，为把半冷冻计划变为完全冷冻生产计划提供准确的依据。

3.1.10 完全冷冻生产计划至少在上线前一天所有物料（包括自制件、外协件及外购件）须全部检验合格并入库（特殊情况下，个别物料可在上线当日上午 9 时前完成检验入库工作，但这些个别物料也须在上线前一天，由相关责任部门负责人以内部联络单的形式向 PMC 申请延期，得到 PMC 经理签名同意才可以延期）。

3.1.11 装配车间须在当天完成当天的完全冷冻生产计划，并在第二天上午 9：30 前交装配车间生产日报表至 PMC 部统计员。所完成的成品入库规定如下：

3.1.11.1 如第一天完全冷冻生产计划生产出来的产品须当天验货或出货的，则当天须完成检验入库，作业不允许有尾数；

3.1.11.2 如第一天完全冷冻生产计划生产出来的产品不须当天验货或出货的，则所有成品的 80% 及以上须在当天内检验合格并入库，余下的 20% 及以下已完成未入库的成品须在第二天上午 11 点前检验合格并入库；第一天完全冷冻生产计划完成后，所有成品的入库单须在第二天上午11：30 前交 PMC 部统计员，作为第三天冷冻生产计划完成的依据。

3.2 滚动生产计划调整及跟踪考核

3.2.1 在每天更新的滚动生产计划上有完全冷冻生产计划被调整的，PMC 经理须在滚动生产计划首页注明"调整后"字样，并把调整前的完全冷冻计划附在表格后面，注明调整前字样，并简要说明调整的原因及初步的责任人；详细的原因及责任人由 PMC 部在两个工作日查明或申请稽核小组在两个工作日内查明，记录在冷冻计划未完成报表上，作为绩效考核与奖罚的依据，调查结果须经相关部门责任人签名认可，发生争议时由稽核小组负责处理；调整后的完全冷冻生产计划，须在相关部门签名确认后20 分钟内由 PMC 经理报总经理（或指定代理人）签名同意才能生效，然后由计划员在半个工作小时内分发至相关部门。

3.2.2 每天生产协调会上须讨论确定如下内容：

3.2.2.1 第一天生产进度是否正常，如不正常能否及时解决，如不能及时解决是否要调整生产计划，讨论、确定、调整生产计划，各相关部门依据已审批调整后的生产计划相应地调整工作计划。

3.2.2.2 第二天的生产计划各项准备工作是否正常，如不正常如何解决，如不能及时解决是否要调整生产计划，讨论、确定、调整生产计划，各相关部门依据已审批调整后的生产计划相应地调整工作计划。

3.2.2.3 确定第三天的生产计划，把第三天的生产计划由准备计划状态转变为完全冷冻计划状态。

4.0 奖罚规定

4.1 相关表格填写不真实的，处罚责任人 15 元 / 次。

4.2 未在本程序规定时间内作业者，处罚责任人 5 元 / 次。

4.3 各类表单必须依据审批手续作业。若未按照审批手续作业时，处以当事人 5 元 / 次的罚款，如造成公司经济损失时，按照赔偿管理办法进行赔偿。

4.4 因工作疏忽，造成分发至相关部门的工程资料出现错误时，处以当事人 10 元 / 次的罚款，如造成公司经济损失时，按照赔偿管理办法进行赔偿。

4.5 因工作疏排忽，导致生产单错误或生产部门制造错误影响生产进度时，处以当事人 10 元 / 次的处罚。如造成公司经济损失时，按照赔偿管理办法进行赔偿。

4.6 若责任人确认不能按时完成任务，责任人须至少提前半天且在得知信息后半个工作小时内，以内部联络单的形式通知 PMC 经理，若未在规定的完成时间内完成作业而又未经 PMC 经理签名同意，处罚责任人 10 元 / 次，若因此给公司造成经济损失的，按照赔偿管理制度处理；相关人员未反馈信息的，处罚责任人 15 元 / 次，信息反馈不完整或错误的，处罚责任人 10 元 / 次，若因此给公司造成经济损失的，按照赔偿管理制度处理；

4.7 未按本流程其他规定作业者，处罚责任人 5 元 / 次，若因此给公司造成经济损失的，按照赔偿管理制度处理。

4.8 滚动生产计划经各部门签字核实后即生效，如果未按时完成"完全冷冻计划"经 PMC 经理在两个工作日内查实后即处罚责任部门经理或主管 30 元 / 日 / 每位，处罚相关责任组长 10 元 / 日，以此类推；如果各部门能连续一个星期完成"完全冷冻计划"，奖励生产部厂长和主管各 100 元，奖励每位组长 50 元；销售部、PMC 部、仓库、品管部、工程部、采购部各奖 100 元。

5.0 相关表单

5.1 滚动生产计划（见附表 13）。

5.2 冷冻计划未完成报表（见附表 14）。

附录表13 （ ）月份滚动生产计划（月 日～月 日）

编制： 年 月 日　　　　　　　　　　编号：

序号	客户名称	生产制令单号	PMC订单编号	客户订单号	型号	规格材料	数量	客户完整资料确定计划时间/实际时间	外协/外购物料采购入库计划时间/实际入库时间	五金原材料入库时间	五金车间投产时间	喷涂件发外时间/入库时间	五金计划入库时间	五金实际入库时间	装配车间上线时间	冷冻计划上线时间	线别	验货日期	冷冻计划入库时间	PMC计划成品入库时间	实际成品入库时间	订单交货日期	最近计划装柜日期	实际装柜日期	计划更改记录

备注：以上生产计划经各部门签字核实后立即生效，如果未按时完成"完全冷冻计划"，经PMC经理在两个工作日内查实后，处罚责任部门经理或主管30元/日/每位，处罚相关责任组长10元/日，以此类推。如果能连续一个星期完成"完全冷冻计划"，采购部、工程部、品管部、仓库、PMC部、销售部，PMC部、仓库、品管部、工程技术部、五金核实、装配核实部厂长或主管各100元，奖励每位主管各50元，奖励主管各100元，采购部各奖励100元

总经理或职务职务代理人审核	销售核实	PMC部核实	仓管核实	品管部核实	工程技术部核实	五金核实	装配核实

附表14　（　）月份冷冻生产计划未完成报表

编制：　　　年　月　日　　　　　　　　　　　　　　　　　　　　　　编号：

序号	客户名称	生产制令单号	PMC订单编号	客户订单号	型号	尺寸	材料	数量	冷冻计划入库时间	实际成品入库时间	原因调查	解决方法	责任部门/责任人	处罚记录

（十五）人员招聘控制卡

详见附表15。

附表15 人员招聘控制卡

××公司	人员招聘动作控制卡	文件编号 文件版次	生效日期 页 码	年 月 日 第 页 共 页

针对问题：人员招聘流程不明确，数据不清晰

控制目的：规范公司人员招聘流程，提高招聘质量与效率，满足公司业务、生产和发展的需求

动作	标准	责任部门	制约	责任
人员招聘申请	由用人部门根据部门工作需要，填写人员编制及工作需要，填写人员需求申请表，向行政中心提出书面招聘申请	用人部门	行政中心对用人申请部门的人员申请监督检查，稽核中心对行政中心履行的工作进行监督检查	未按规定填写人员需求申请表的，行政中心可不受理，如行政中心受理的，责任人乐捐10元/次
申请权限	编制内人员申请：车间作业员由车间主任提出申请，生产部经理审核；车间拉线长、办公室主任、总监审核；通职员员由总部门经理提出申请，总监审核；经理级以上人员，由总监提出申请，经理级审核；董事长审核；超出编制外的人员招聘都须经过董事长批准	各部门	行政中心监督检查人员招聘需求审核情况，稽核中心对行政中心履行的工作进行监督检查	未经审核或违反规定审核的，责任人乐捐10元/次
招聘申请受理	行政中心在接到书面招聘申请后，1个工作日拟定人员招聘计划，并回复申请招聘部门具体招工期限，并组织招聘实施	行政中心	稽核中心、用人申请部门对行政中心的招聘计划及招聘日期监督检查	行政中心未在1个工作日内回复招聘期限的，责任人乐捐10元/次
应聘考核	应聘人员到岗后，人资部安排应聘者先填写应聘登记表，并对应聘人员进行初步筛选，并对应聘人员进行考核，对应聘合格的员工，行政中心安排其在上班后的第1天，办理相关入职手续，并对新入职人员宣导公司的员工手册内容	行政中心	稽核中心、用人申请部门对行政中心的招聘计划及招聘实施监督检查	新员工入职后，手续办理不到位及员工手册未进行宣导的，人资部主管乐捐10元/人
数据统计	行政中心每月一/月初统计上周/月招聘及时率、员工流失率，并在月/周工作总结上进行汇报	行政中心	稽核中心对行政中心各项数据统计进行监督检查	未按时统计并提交数据的，责任人乐捐10元/项

备注：本文件自下发起15天内为试运行期，以上各项如有违反，试运行期过后按上述责任条款乐捐问责

制订：　　　　审核：　　　　批准：

会签区：

（十六）人员需求申请表

详见附表16。

附表16　人员需求申请表

日期：　　年　月　日

申请部门		岗位编制	人	现有人数	人	申请招聘		男女
增加编制　　补充辞缺　　补充调缺					备注：			
人才储备　　其他（说明：_____）								
希望到职日期		年　月　日		实际到职日期			年　月　日	
补充类别			录　用　条　件					
职位	性别	人数	学历	电脑操作	年龄	工作经验	待遇	其他

申请人：　　　　　　审核：　　　　　　行政中心：

（十七）应聘人员考核表

详见附表17。

附表17　应聘人员考核表

考核日期：_____

应聘人员姓名		综合分数	
笔试分数		面试分数	
面试内容			

表达及应变能力	评价：	较差5分 □ 一般8分 □ 优秀10分 □
工作经验	评价：	较差5分 □ 一般8分 □ 优秀10分 □
逻辑思维	评价：	较差5分 □ 一般8分 □ 优秀10分 □
仪容仪态	评价：	较差5分 □ 一般8分 □ 优秀10分 □
个人修养	评价：	较差5分 □ 一般8分 □ 优秀10分 □
心态、品德	评价：	较差5分 □ 一般8分 □ 优秀10分 □

考评批示：

签名：